Klaus Kießling

Geistlicher und sexueller Machtmissbrauch in der katholischen Kirche

Klaus Kießling

Geistlicher und sexueller Machtmissbrauch in der katholischen Kirche

echter

Klimaneutral
Druckprodukt
ClimatePartner.com/12514-2101-1003

Der Umwelt zuliebe verzichten wir bei diesem Buch auf Folienverpackung.

Bibliografische Information der Deutschen Nationalbibliothek

Die Deutsche Nationalbibliothek verzeichnet diese Publikation in der Deutschen Nationalbibliografie; detaillierte bibliografische Daten sind im Internet über ‹http://dnb.d-nb.de› abrufbar.

1. Auflage 2021
© 2021 Echter Verlag GmbH, Würzburg
www.echter.de

Umschlag: wunderlichundweigand.de
(Foto: © Arnd Bünker, Karsamstag)
Innengestaltung: Crossmediabureau, Gerolzhofen
Druck und Bindung: Friedrich Pustet, Regensburg

978-3-429-05607-0
978-3-429-05148-8 (PDF)
978-3-429-06529-4 (ePub)

Inhalt

Vorwort

Bei allen Formen von Missbrauch geht es um Missbrauch von Macht. Als sexualisierte Gewalt ist er an vielen Tatorten präsent, auf eigene Weise in der katholischen Kirche. Dabei drängt sich in wachsendem Maße die Frage nach spezifisch geistlichem Missbrauch auf.

In Psychotherapie und Supervision, in Seelsorge und anderen Settings der Begleitung sowie in öffentlichen Räumen schildern Betroffene sexualisierte Gewalt, die sie erleiden mussten, ohne dass sich diese für sie zwingend mit geistlichem Missbrauch verbunden hätte. Und andere Menschen haben in ihrer spirituellen Selbstbestimmung Verletzungen und Gewalt erfahren, die nicht mit sexuellen Übergriffen einhergingen. Unterscheidung tut also not.

Gleichwohl sind geistlicher und sexueller Machtmissbrauch oft sehr eng miteinander verwoben – nicht nur meiner Erfahrung nach. Daher geht es im Folgenden um beides: zunächst gezielt um die Frage, was Machtmissbrauch zu einem geistlichen macht und welche Konsequenzen daraus zu ziehen sind, danach eigens um sexualisierte Gewalt und die Aufgabe, den Schutz von Kindern, Jugendlichen und Erwachsenen weltkirchlich und weltweit zu gewährleisten. Verbindungen und Analogien zwischen geistlichem und sexuellem Machtmissbrauch in der katholischen Kirche scheinen dabei immer wieder implizit auf, dann und wann aber werden sie auch ausdrücklich zum Thema.

Ebenfalls klar artikuliert sei mein herzlicher Dank an die Menschen, die in einem der oben genannten Zusammenhänge oder bei anderen Anlässen mutig offengelegt haben, was ihnen widerfahren ist, was ihnen das Ringen damit erleichtert oder erschwert und was sie insbesondere präventiv für unerlässlich halten. Sie bringen auf ihre Weise – auch stellvertretend – ans Licht, was nicht im Dunkeln verharren darf.

Mein Dank gilt auch denen, die sich mit diesen schwerwiegenden Fragen auseinandersetzen, um ihrer Verantwortung nachzukommen: in der Pastoral tätigen Frauen und Männern, die Sensibilisierung und Orientierung suchen; Mitgliedern nationaler Bischofskonferenzen und anderen kirchlichen Leitungspersonen, die Richtlinien zum Umgang mit und zur Prävention von Machtmissbrauch erarbeiten und sich dabei beraten lassen; den Studierenden, die sich auf einen seelsorglichen oder einen anderen psychosozialen Beruf vorbereiten; Kolleg*innen in verschiedenen Arbeitsbereichen; schließlich den Leser*innen dieses Buchs.

Frankfurt Sankt Georgen, Klaus Kießling
im August 2020

Geistlicher Missbrauch
in der katholischen Kirche
Kontexte – Konturierungen – Kollusionen –
Konsequenzen

1. Kontexte

Bei geistlichem Missbrauch denke ich an jene verzweifelte Frau, deren Geistliche Begleiterin sie drängt, in ihrer Ehe mit einem Gewalttäter zu verharren, weil die Kirche es so verlange; an ein Beichtkind – was für ein Wort –, das seinerseits zu einem Beichtgeheimnis verpflichtet wird und mit niemandem darüber reden darf, was dort wieder und wieder geschieht; an eine mit ihrer Schwangerschaft ringende Frau, in deren Heimatgemeinde der darum wissende Diakon seine erste Predigt gezielt zu einem Anti-Abtreibungs-Feldzug nutzt; an einen jungen Mann, der seine Berufung sucht und dessen Begleiter ihm sein priesterliches Gewand überwirft; an viele andere Menschen, die ich in verschiedenen Settings kenne, insbesondere als Diakon und als Psychotherapeut.

Die getroffene Auswahl aktueller und real existierender Konstellationen soll eingangs vielerlei signalisieren: dass geistlicher Missbrauch nicht mit dem Missbrauch durch Geistliche zusammenfällt; dass zu möglichen klerikalen Tätern nicht allein Priester, sondern auch Ständige Diakone gehören; dass geistlicher Missbrauch auch ohne Beteiligung eines Klerikers vorkommt; dass geistlicher Missbrauch mit sexueller Gewalt einhergehen *kann*, wie es jenes Beichtkind bezeugt, aber nicht muss, wie es der Überwurf mit dem priesterlichen Gewand zeigt.

Dabei geht es bei allen Formen von Missbrauch um den Missbrauch von Macht[1]. Was aber macht Machtmissbrauch zu einem geistlichen?

Bei alledem konzentriere ich mich auf geistlichen Missbrauch in der katholischen Kirche – nicht weil er anderswo nicht vorkäme, sondern weil mir ein angemessener

Umgang damit allenfalls in selbstkritischer Haltung möglich erscheint.

Ich knüpfe an diese *Kontexte* mit ersten *Konturierungen* an, zunächst mit theologischen Annäherungen und Einblicken in laufende Diskurse, dann mit psychologischen Beiträgen zur Auseinandersetzung mit Machtmissbrauch. Das noch zu erläuternde Stichwort der *Kollusionen* führt zum Vorschlag einer Definition von geistlichem Missbrauch. Daraus resultieren *Konsequenzen*, die ich exemplarisch in dreierlei Richtungen skizziere: auf theologische Infragestellungen hin, auf die Rezeption psychologischer Einsichten hin, auf Geistliche Begleitung hin.

2. Konturierungen

2.1. Theologische Annäherungen

Menschen, die erzählen, wes Geistes Kind sie sind, aus welchem Geist, aus welchem *spiritus* sie leben, gewähren Einblicke in ihre Spiritualität.[2] Leben im Geist, geistliches Leben vollzieht sich innerhalb und außerhalb traditioneller Religiosität, die ihrerseits Möglichkeiten bietet, spirituelle Erfahrungen zu verorten und eine Unterscheidung der Geister vorzunehmen. Ein Leben aus dem Geist zeigt sich inspiriert, begeistert von Kräften und Impulsen, die nicht aus mir selbst kommen und, wenn sie bei mir ankommen, nicht bei mir verbleiben, wenn ich sie nicht wie einen Raub für mich behalten, sondern ans Licht der Welt bringen möchte – in allen Beziehungen, in denen, aus denen und für die ich lebe. In diesem Horizont erhellt, dass sich geistlicher oder auch spiritueller Missbrauch nicht etwa auf meine Gottesbeziehung beschränkt, während meine restliche Welt eine heile bliebe, sondern mich in all meinen Beziehungen prägt, also grenzenlos unheilvoll wirkt.

Spirituelle Selbstbestimmung ist der Titel der Lehrveranstaltung, die *Doris Reisinger* im Winter 2019/2020 an der Philosophisch-Theologischen Hochschule Sankt Georgen anbot. Sie hebt darauf ab, dass es in der Gottesbeziehung wie in jeder Beziehung um ein Miteinander geht, sodass Menschen trotz aller Asymmetrie ein Recht auf spirituelle Selbstbestimmung[3] zukommt – sowohl in der Beziehung zu Gott als auch in der Beziehung zu einem Geistlichen Begleiter, der Missbrauch begeht, wenn er die spirituelle Autonomie der ihm Anvertrauten dadurch verletzt, dass er seine eigene Stimme mit der Stimme Gottes verwechselt.

Mit *Klaus Mertes*[4] kann es aber auch die begleitete Person sein, die die Stimme des Begleiters für die Stimme Gottes hält – oder umgekehrt lässt sich an die biblische Geschichte von der Berufung Samuels (1 Sam 3,1–21) denken, der die Stimme Gottes mit derjenigen Elis verwechselt, bis dieser zu differenzieren weiß –, und in einer dritten Variante machen fatalerweise beide Menschen die Stimme des Begleiters unter der Hand zu derjenigen Gottes. Dabei geht es nicht allein um einen *Verstoß gegen das Erste und das Zweite Gebot*, sondern zugleich um ein Vergehen an einem Menschen.

Spirituelle Not entsteht schleichend, wenn ein Begleiter zunächst als der lange gesuchte aufmerksame Zuhörer erscheint, bevor sich in der vermeintlichen Stimme Gottes sein eigenes Wort vernehmen und als Manipulation aufdecken lässt. Wer spirituell zu verdursten droht, freut sich, wenn ihm oder ihr Wasser gereicht wird, ohne zu schmecken, dass es vergiftet ist.[5] Die offenen Arme des Begleiters erweisen sich als Falle, wenn sie eigener Bedürftigkeit entspringen und darum auf die Spiritualität der Betroffenen toxisch wirken, sodass sich hier jene Palette an Beschädigungen auftut, wie sie auch zu sexuellem Missbrauch gehört. Denn nirgendwo auf Erden tritt Macht mit größerer Macht auf, als wenn sie mit himmlischen Insignien einhergeht.

Drei Formen geistlichen Missbrauchs lassen sich unterscheiden: *spirituelle Vernachlässigung, Manipulation, Gewalt.*[6] Die Differenzierung ist keine trennscharfe, aber eine hilfreiche, weil sie verständlich macht, wie geschehen kann, was Dritten, im Nachhinein aber oft auch Betroffenen, unerklärlich erscheint. Wenn Kinder gelernt haben, wie sie sich selbst spirituelle Ressourcen erschließen können, sind sie vor geistlichem Missbrauch gut geschützt, aber wer keine spirituelle Selbstbestimmung ausbilden konnte, erweist sich als anfällig und wenig wehrhaft, vielleicht gar als empfänglich für endlich klare Orientierungen, ist dankbar für jede Frucht in der eigenen spirituellen Wüste, profitiert also vorläufig, ohne zunächst nur sachte ansetzende Manipulationen als solche identifizieren zu können: Da sind Ausstrahlung und Charisma eines Menschen, der intuitiv jene anwirbt, die seine Übergriffe unterwerfungsbereit tolerieren; da sind emotionale Inszenierungen mit einseitigen Informationen; da sind subtile Einschüchterungen und Drohungen, die Unsicherheiten, Zweifel und anfängliche Widerständigkeit delegitimieren.

Spirituelle Manipulation baut auf Vernachlässigung auf. Die Schutzmauern gegenüber dem Manipulator fallen, wenn sie je existierten. Die Mauern dagegen, die sich um diese Beziehung herum bilden, werden immer dicker und höher, sodass Dritte keinerlei Hilferuf vernehmen, soweit er überhaupt noch artikuliert werden kann. Auch spirituelle Gewalt, die nicht an sexuelle Gewalt gekoppelt ist, wirkt wie eine Vergewaltigung, wie ein Mord, gilt als Seelenmord und kann daher zum Suizid führen. Auffällig erscheint mir die Analogie, die sich zwischen *spiritueller* Vernachlässigung, Manipulation und Gewalt auf der einen Seite und *sexueller* Grenzverletzung, Übergriff und Gewalt[7] andererseits auftut. Sexuelle Grenzverletzungen lassen sich nicht immer an einer Absicht festmachen, spirituelle Vernachlässigung auch nicht. Sexuelle Übergriffe dagegen erfolgen zielgerichtet, spirituelle Manipulation auch. Sexueller Missbrauch ist Gewalt, spiritueller Missbrauch auch.

Geistlicher Missbrauch wirkt nicht erst dann verheerend, wenn er in sexuellen Missbrauch mündet, auch wenn sich die Strukturen auf erschreckende Weise gleichen und Betroffene oft von beidem berichten. *Emotionaler*

Missbrauch, auf den *Katharina Kluitmann*[8] abhebt, ist hier wie dort gegeben. Loyalitäten, gemeinsames, womöglich elitäres Sendungsbewusstsein und Opferbereitschaft[9] schweißen zusammen. Ihr Übriges tun mit emotionalem Missbrauch einhergehende Scham- und Schuldgefühle – gehegt unter dem Eindruck des Opfers, nicht zu genügen.

Auch die systemischen Bedingungen geistlichen Missbrauchs gleichen denen sexueller Gewalt: Geschlossene Systeme bilden etwa religiöse Gemeinschaften,[10] wenn sie ihren Mitgliedern lediglich interne Begleitung anbieten und bei geistlichem Missbrauch unweigerlich Mitläufer*innen generieren, die vielleicht etwas merkten oder hätten merken müssen, sich damit aber an niemanden wenden können. Hier vermischen sich *forum internum* und *forum externum* – wenngleich vom Kirchenrecht unterschieden.[11] Ein Beichtvater darf kirchenrechtlich außerhalb der Beichte nicht auf in der Beichte gewonnenes Wissen zurückgreifen, auch nicht gegenüber der beichtenden Person – aber was, wenn es in geschlossenen Systemen trotzdem geschieht?

Geistlichen Missbrauch als Verletzung spiritueller Selbstbestimmung zu fassen, verweist erneut auf das Verständnis von sexuellem Missbrauch: »Erst auf der Grundlage des Menschenrechts auf sexuelle Selbstbestimmung wird unmissverständlich deutlich, worin die besondere moralische Verwerflichkeit sexuellen Missbrauchs besteht.«[12] Und die kirchliche Situation bleibt alarmierend: »Nach derzeitigem Kenntnisstand erlauben die vorhandenen empirischen Daten die Schlussfolgerung, dass die sexuellen Missbrauchsvorwürfe gegen katholische Priester von 2009 bis 2015 nicht rückläufig sind und die Quote angezeigter Priester im Vergleich zur männlichen Allgemeinbevölkerung etwa gleich hoch ist. Die Vorstel-

15

lung, dass die besonderen moralischen Anforderungen an den Priesterberuf mit einer niedrigeren Quote an Strafanzeigen wegen sexuellen Missbrauchs an Kindern verbunden sind, lässt sich mit den vorhandenen empirischen Daten nicht bestätigen.«[13]

Wenn ich mich etwa bei einem Unfall verletze, schlägt er dort eine Wunde, wo ich mir zuvor heil vorkam. Für geistlichen Missbrauch führt dieser Vergleich jedoch insofern in die Irre, als eine Verletzung spiritueller Selbstbestimmung meist nicht jene ereilt, die sich zuvor als spirituell selbstbestimmt und insofern gesund erlebten. Zumindest im Nachhinein erschließt sich Betroffenen oft eine unheilvolle Vorgeschichte, die an spirituelle Selbstbestimmung noch nie hatte denken lassen. Und auch die ebenso schlichte wie treffende Umschreibung von geistlichem Missbrauch als Verwechslung zweier Stimmen und Verstoß gegen die mosaischen Gebote bedarf der Einbettung in ein Beziehungsgeschehen, das von emotionalem Missbrauch geprägt ist, ohne dass dieser für geistlichen Missbrauch spezifisch wäre. Die vielfach geforderte theologische Aufarbeitung von Missbrauch hat mit den genannten und weiteren Kolleg*innen an Fahrt gewonnen, und sie muss weitergehen. Aber sie kann nur weitergehen, wenn sie sich auch für Erkenntnisse öffnet, die andere Disziplinen bereithalten.

2.2. Psychologische Beiträge

Als Menschen sind wir ein Leben lang auf andere Menschen angewiesen, auf deren Liebe, auf deren Anerkennung. Mit dieser Einsicht verbinden sich sowohl unsere beglückendsten als auch unsere schmerzlichsten Erfahrungen. Mancher Versuch, diese Abhängigkeit zumindest abzumildern, geht dahin, aus möglichst machtvoller Position heraus Liebe und Anerkennung zu gewinnen, zu erzwingen oder zu erkaufen.

Sozialpsychologisch versteht sich *Macht* oder *power* als asymmetrische Relation zwischen Machthaber und Beherrschten, also als Vermögen einer Instanz (Person, Gruppe, Institution), nach eigenen Vorstellungen auf andere Einfluss auszuüben – mit dem Ziel, deren Verhalten und Erleben zu kontrollieren und womöglich auch gegen Widerstände zu verändern.[14]

Ein *Machtmotiv* ist ein zeitlich stabiles und über verschiedene Situationen konsistentes Bedürfnis, machtbezogene Ziele anzustreben und Situationen aufzusuchen, die dies ermöglichen. Unterscheiden lassen sich *sozialisierte* Machtmotive, die dank gegebener Inhibitionstendenz zu gebremstem, eingehegtem, sozial verträglichem Machthandeln führen, und sogenannte *personalisierte* Machtmotive, aus denen ungehemmtes und darum sozial wenig verträgliches Machthandeln resultiert.[15]

Unterscheiden lassen sich auch verschiedene Ressourcen, Machtquellen, *Machtmittel*:

die *Sanktionsmacht*, die einer Zielperson die Belohnung oder die Bestrafung ihres Verhaltens in Aussicht stellt, sofern die Einfluss nehmende Person dieses kontrollieren kann, etwa in geschlossenen Systemen;

die *informationale Macht* derer, die überzeugende Argumente vorbringen, aber auch entscheiden, welche Informationen fließen;

die *Expert*innenmacht*, die der spezifischen Sachkenntnis (Expertise) einer Person zugeschrieben wird;

die *Vorbildmacht* der Einfluss nehmenden Instanz, mit der sich eine Zielperson identifiziert, weil sie deren Eigenschaften für bewundernswert und deren Verhaltensweisen für nachahmenswürdig hält;

eine *legitime Macht*, die sich durch formale Sozialstrukturen rechtfertigt, in denen Leitungspersonen als Autoritäten gelten.[16]

Autorität kommt einer Person in einer Machtposition zu – dank eigener Kompetenz, dank überkommenen Ansehens, dank eigener Machtmittel.[17]

Aus Machtbeziehungen Liebe und Anerkennung zu schöpfen, mag schon darum eine Weile gutgehen, weil zu ihren Charakteristika deren Verleugnung gehört, und zwar auf beiden Seiten: Denn machtvolles Auftreten verliert schließlich seine Kraft, wenn seine Legitimität infrage gestellt wird, und umgekehrt wirkt die Einsicht, des eigenen Einflusses beraubt und also ohnmächtig zu sein, kränkend.

Aber je mehr ich aus Machtbeziehungen Liebe und Anerkennung schöpfe, meine Machtmotive auslebe, meine Machtmittel einsetze und meine Autorität gegenüber anderen zur Geltung bringe, desto weniger Eigengewicht messe ich diesen ja von mir selbst domestizierten und depotenzierten anderen bei, desto weniger Eigengewicht auch der mir durch sie zuteilwerdenden Liebe und Anerkennung. Ich mag in solchen Beziehungen der Mächtigere bleiben, aber meine Strategie geht nicht auf. Ein Teufelskreis setzt ein, indem ich auf noch mehr Macht setze und mich die fortwährende Mangelerfahrung in sogenannte *narzisstische* Wut versetzt. So entwickelt diese psychosoziale Dynamik ihren suchtartigen Charakter.

Zugleich erinnert diese Entwicklung an die griechische Mythologie: Der schöne Jüngling Narziss verschmäht die Liebe der Nymphe Echo und anderer Nymphen, auch die des Bewerbers Ameinias. Von Nemesis, der Göttin der Vergeltung, wird er deshalb mit unstillbarer Selbstliebe bestraft: Beim Trinken beugt er sich über eine Quelle und verliebt sich in sein eigenes Spiegelbild. An dieser Liebe leidet Narziss und verzehrt sich. Er stirbt an der Liebe zu sich selbst. In der Unterwelt spiegelt er sich noch in den Wassern des Styx, bis er schließlich in die nach ihm benannte Blume verwandelt wird.[18]

Narzissmus als psychologisches Konstrukt äußert sich typischerweise in Selbstüberschätzung, Überempfindlichkeit gegen Kritik, Suche nach Bewunderung und dominantem Interaktionsverhalten. Zwar wirken narzisstisch motivierte Personen bei ersten Begegnungen oft attraktiv, langfristig aber egozentrisch und selbstverliebt.[19] Damit geht oft ein Empathiemangel einher.[20] Haben narzisstisch geprägte Persönlichkeiten von ihren Eltern und anderen wichtigen Bezugspersonen keine Empathie erfahren, sondern Gleichgültigkeit und Kälte? Hartnäckig hält sich die populäre Annahme eines unbewusst geringen Selbstwertgefühls, das durch prahlerisch inszenierte Grandiosität kompensiert werden will. Wer sich selbst und für sich selbst insgeheim nur schwarz sieht, greift nach der strahlend weißen Weste, um dafür Anerkennung zu finden und um alles Schwarze zugedeckt zu halten. Diese Konstellation kommt vor, aktuelle empirische Belege weisen jedoch in eine andere Richtung:[21] Sie legen nahe, dass Eltern ihre Kinder im Übermaß gelobt und nie kritikfähig gemacht haben, sodass zwar ihr Verhalten auffällig erscheint, weil es keine Frustrationstoleranz erkennen lässt, nicht aber ihr Selbstwertgefühl. Die inzwischen Erwachsenen können sich nur nicht vorstellen, wie und warum die bisher immer präsente Versorgung mit Lob, Anerkennung und anderen *Zuckerle*, wie es in meiner Heimat heißt, plötzlich abbrechen sollte. In der Arbeit mit betroffenen Missbrauchstätern wurde mir sehr deutlich, wie machtvoll ihre unersättlichen Ansprüche auf ein Gegenüber wirken müssen, das halb wohlmeinend, halb kleinlaut die ständig drohende

Gefahr der Unterzuckerung einer narzisstisch geprägten Person fürchtet, sich so ausbeuten und einen emo-
tionalen Missbrauch geschehen lässt, der Beziehungen
allein als Quelle der Bewunderung sucht. Der Mächtige
verhungert zwar ohne seinen Lieferanten, hält ihn aber
machtvoll in Bann – eine Doppelbindung, wie sie im
Lehrbuch steht! Und ein auch hier gegebenes Schwarz-
Weiß-Denken zeigt sich dann in der allzu schlichten
Zweiteilung der Welt in Bewundernde und Unnütze.

Die narzisstisch markante *Selbstidealisierung* geht mit einer
Selbstimmanenz einher, also der Unfähigkeit, sich jenseits
der eigenen Person für andere, womöglich höhere Werte
und Ideale begeistern zu lassen, und mit einer *Fremdabwertung*, die Kooperationen verhindert und den Mangel
an Empathie und emotionaler Wärme nicht zwingend
als fehlende *Gabe*, sondern vielmehr als fehlenden *Willen*
aufscheinen lässt.[22]

Die Auseinandersetzung mit narzisstischen Phänomenen
will keinen Generalverdacht erheben, vermag aber zu
sensibilisieren, um Spielarten eines spirituell geprägten
Machtgefälles auf die Schliche zu kommen – und einem
Missbrauch, der die Bitte »*Dein* Wille geschehe« unter-
gräbt und insgeheim darauf setzt, dass »*mein* Wille geschehe«.

Und zeigt sich hinter den langjährig und im welt-
kirchlichen Maßstab gepflegten Vertuschungsstrategien
nicht eine strukturelle Empathielosigkeit als pastorales
Muster?[23]

3. Kollusionen – ein Definitionsvorschlag

Mir liegt daran, geistlichen Missbrauch als spezifisches Beziehungsgeschehen zu umreißen. Dazu drängt sich mir der Begriff der *Kollusion*[24] auf. Er stammt aus Psychoanalyse und Paartherapie, ist aber nicht mehr nur dort zu Hause. Als Kollusion gilt das Zusammenspiel von Partner*innen auf der Basis einander entsprechender Beziehungskonflikte. Dabei scheinen ihre jeweiligen Dispositionen wie Schlüssel und Schloss zusammenzupassen, die beiden fühlen sich wie füreinander bestimmt und finden in heimlichem – und zugleich unheimlichem – Einverständnis zueinander. Sie vermögen unreife Wünsche und übergroße Beziehungsängste unter Kontrolle zu halten, indem sie einander jenes Verhalten abverlangen, das zur Reduktion je eigener Beziehungsängste beiträgt, und somit füreinander Lösungsvarianten des Problems des jeweiligen Gegenübers bereitstellen: Wer sich etwa außergewöhnlich gern und intensiv umsorgen, verwöhnen und narzisstisch nähren lässt, passt zu einem Gegenüber, das gern in eine helfende Rolle schlüpft – und den eigenen ungelebten Narzissmus delegiert mit der Aussicht darauf, dass vom grandiosen Glanz des Gegenübers auch etwas auf ihn oder sie fällt.

Kollusionen vermitteln ein Gefühl exklusiver Nähe und Unentbehrlichkeit füreinander und versetzen manche Menschen überhaupt erst in die Lage, sich eine Liebesbeziehung zuzutrauen. Dieses Arrangement bleibt unter den dabei zusammenwirkenden Akteur*innen selbst weitgehend uneingestanden, es erscheint allenfalls

Dritten fragwürdig, denen diese Beziehung aber häufig völlig verborgen bleibt.

Geistlichen Missbrauch verstehe ich als *Kollusion einer geistlichen Autorität mit spirituell Suchenden, die systemisch begünstigt die Macht des Täters wachsen lässt und diejenigen mundtot macht, die in dieser Beziehung zu Opfern werden.*

4. Konsequenzen

4.1. Theologische Infragestellungen

Vor dem Konklave in Rom hielt der spätere *Papst Franziskus* im März 2013 vor dem Kardinalskollegium eine Rede: »Wenn die Kirche nicht aus sich selbst herausgeht, um das Evangelium zu verkünden, kreist sie um sich selbst ... Die Übel, die sich im Laufe der Zeit in den kirchlichen Institutionen entwickeln, haben ihre Wurzel in dieser Selbstbezogenheit. Es ist ein Geist des theologischen Narzissmus ... Diese (Kirche) lebt, damit die einen die anderen beweihräuchern.«[25]

Diese Steilvorlage schürt meine Skepsis gegenüber einer Tradition, die speziell den Amtsträgern eine *repraesentatio Christi*[26] zuschreibt. Dieser Begriff umschreibt ein Verhältnis von Urbild und Abbild. Geraten Repräsentanten nicht in Versuchung »zu vereinnahmen, was (oder wen) sie repräsentieren«[27]? Vor allem dann, wenn »die Absolutheit des Repräsentierten in einer Quasi-Absolutheit der Repräsentierenden abgebildet sein und von ihnen entsprechend geltend gemacht werden soll«[28]? Ist dann nicht »jede Möglichkeit bestritten, Repräsentation noch von Usurpation zu unterscheiden«[29]? Einer Usurpation, die nicht nur dem Repräsentierten droht, sondern mehr noch den Menschen, die sich amtlichen Repräsentanten anvertrauen?

Die Weltgerichtsrede (Mt 25,31–46) lese ich als biblische Kritik an solcher Vereinnahmung, denn göttliche Macht und Herrschaft bildet sich hier gerade nicht in weltlicher Macht und Herrschaft ab. Sie lässt sich überhaupt nicht einfangen, auch nicht von Amts wegen. Jesus Christus begegnet in Leidenden und Ohnmächtigen und anerkennt so ihre Autorität.[30] Denn hier begegnet ausgerechnet in den Bedürftigen und Ausgegrenzten der, in dem Gott selbst begegnet. Diese Dynamik durchkreuzt ein ohnehin statisch anmutendes Urbild-Abbild-Denken. Jesus Christus begegnet dann nicht in einer Einbahnstraße, gar vom Amtsträger zum Bedürftigen. Die Weltgerichtsrede stellt genau diese Idee vom Kopf auf die Füße. Sie verlangt zwar Demut, wirkt aber gegenüber geistlicher Anmaßung unverfänglich.

»Seitdem ist kirchliche Praxis und Theologie daran gehindert, Gottes vollmächtige Souveränität in kirchlicher Herrschersouveränität abzubilden und kirchliche Vollmacht so zu legitimieren, daß sie sich ungebrochen aus einer autokratisch vorgestellten göttlichen Souveränität ableitet.«[31]

Die Weltgerichtsrede ist die Urgeschichte einer Diakonie, die zu Solidarität anstiftet. Und je länger ich Diakon bin, desto lebenswichtiger wird mir eine Praxis der Stellvertretung, eine Diakonie der Stellvertretung.[32] Solidarität will demjenigen, dem sie gilt, dessen Platz nicht wegnehmen, sondern ihm den Raum für dessen eigenes Dasein schaffen. Stellvertretung meint einen Einsatz, der das Gegenüber nicht ersetzt, sondern freisetzt.

Mein Stellvertreter, der an meiner Stelle glaubt, hofft und liebt, weil ich nicht glauben, nicht hoffen, nicht lieben kann, hebt mich nicht auf, sodass es auf mich nicht mehr ankäme. Vielmehr läuft er vor, und ich folge nach, andere folgen nach, weil er sich nach ihnen umsieht und sie ansieht. Er verleiht ihnen durch sein Ansehen Ansehen. Er leidet mit denen und an denen, die nicht nachkommen. Der Stellvertreter ist in seiner Liebe empfindlich für ihr Leid.

Der Stellvertreter erzwingt in seiner Liebe nichts, sondern hofft alles: Er lässt dem von ihm Vertretenen die Zeit, an seine Stelle zurückzukehren. Der Stellvertreter bedrängt ihn nicht, er hofft für ihn. Seine Liebe ist als Hoffnung Stellvertretung. Der Stellvertreter macht sich abhängig, er weiß, dass er nicht machen kann, was und worauf er hofft, aber genau in dieser Ohnmacht ist er zur Liebe befreit. Indem er sich an die von ihm vertretene Person rückbindet, ist er gegen Machtmissbrauch gefeit. Indem ich von Diakonie spreche, berühre ich mein eigenes Amtsverständnis. Mir liegt daran, dass der Diakonat als ständiger und eigenständiger mehr und mehr *Gestalt* annimmt, mir liegt an seiner diakonischen Ausrichtung, nicht an einer *Profilierung*, die sich allemal gegen andere Ämter und Dienste abgrenzen muss.

Ich sehe zwar dringenden Bedarf, die Zulassungsbedingungen zum Amt zu ändern, aber der immer wieder kursierende Vorschlag, Ständige Diakone zu Priestern zu weihen, irritiert mich und erscheint mir manchmal übergriffig, manchmal verräterisch: Wohl ahne ich mit selbstkritischem Blick auf das Amt, dass die Möglichkeit der Priesterweihe manchem Mitbruder zur Versuchung geraten würde, der sein diakonales Amt insgeheim doch nur als Vorstufe zu einem anderen Amt versteht. Wenn der Vorschlag, Ständige Diakone zu Priestern zu weihen, von Diakonen kommt, finde ich ihn daher leicht verräterisch. Und wenn Priester, Bischöfe oder Laien solche Vorschläge artikulieren, finde ich sie mitunter übergriffig. Ich weiß mich einer diakonischen Berufung verpflichtet und suche ihr gerecht zu werden. Dabei weiß ich es zu schätzen, dass zu meinen Mitbrüdern zölibatär lebende Diakone zählen, die mit ihrer Existenz bezeugen, dass sich Diakone und Priester nicht allein in ihrer Lebensform unterscheiden.

Zugunsten einer diakonischen Kirche liegt mir die Frage am Herzen, warum immer nur nach *viri probati* gefragt und gesucht wird – und nie nach *mulieres probatae*. Immerhin kam es im Jahr 2017 erstmals seit Hunderten von Jahren in der orthodoxen Kirche zur Ordination einer Frau: Der Patriarch von Alexandria, Theodoros II., hat in der Demokratischen Republik Kongo eine Frau zur Missionsdiakonin geweiht.

Denn zu den Kennzeichen eines machthaltigen Klerikalismus gehört alles Männerbündische, das sich als geschlossenes System schwerlich durch weitere Männer wird aufbrechen lassen, die ihrerseits schon als Diakone zum Klerus gehören. Ich plädiere entschieden für den Diakonat der Frau – und nach meinem Forschungssemester 2019 in Lateinamerika auch dafür, dass wir uns inspirieren lassen vom Aufbruch der Kirche in der Amazonasregion, anstatt die Aufrechterhaltung einer überkommenen Amtsideologie über das Wohl der Gläubigen zu stellen.[33] In solchen Erneuerungsbestrebungen sehe ich einen Dienst an der Weltkirche und gerade keine Abspaltung von ihr – und eine Chance, von internationaler Theologie und Spiritualität zu lernen.[34]

4.2. (Nicht-)Rezeption psychologischer Einsichten

Benedikt XVI. schreibt als emeritierter Papst im Jahr 2019: »Eine junge Frau, die als Ministrantin Altardienst leistete, hat mir erzählt, daß der Kaplan, ihr Vorgesetzter als Ministrantin, den sexuellen Mißbrauch, den er mit ihr trieb, immer mit den Worten einleitete: ›Das ist mein Leib, der für dich hingegeben wird.‹ Daß diese Frau die Wandlungsworte nicht mehr anhören kann, ohne die ganze Qual des Mißbrauchs erschreckend in sich selbst zu spüren, ist offenkundig.«[35]

Diese Einschätzung ist gewiss unstrittig – im Unterschied zu anderen Positionen, die er in diesem Beitrag einnimmt. So belegt etwa die jüngste Shell-Jugend-studie keine um sich greifende Normlosigkeit, wie sie Benedikt XVI. gesellschaftlichen Entwicklungen zu-schreibt.[36]

Wenn wir als Theolog*innen *andere Wissenschaften* nur ernst nehmen, soweit sie uns bestätigen, ist weiterer theo-logischer Narzissmus vorprogrammiert. Auch darum freue ich mich über eine im Winter 2019/2020 begon-nene Kooperation zwischen Priesterseminar, Mentorat und unserem Institut in Sankt Georgen. Umgekehrt halte ich es für meine Pflicht, spirituelle Entgiftung an-zumahnen, wenn wir als Kirche geschlossene Systeme nicht perpetuieren wollen.[37]

In der *Ratio Fundamentalis Institutionis Sacerdotalis* vom 8. Dezember 2016 entfaltet die Kongregation für den Klerus unter dem Titel »Das Geschenk der Berufung zum Priestertum«[38] das Programm einer menschlich, spirituell, intellektuell und pastoral ausgerichteten Pries-terausbildung in einem von Papst Franziskus inspirierten selbstkritischen Geist. Pastoralpsychologisch geht es auch um die Frage, wie zukünftige Priester anderen Men-schen Ansehen schenken können, ohne dass sie selbst aufgrund der Wahl ihrer Lebensform mit besonderem Ansehen rechnen dürfen.

Im Unterschied zu diesen unverzichtbaren Vorgaben und Impulsen verharrt dieses Dokument in seiner Po-sitionierung zur Homosexualität – zudem platziert zwischen Fragen psychischer Gesundheit und sexuel-lem Missbrauch – leider auf wissenschaftlich nicht halt-barem Stand. Nicht zum Priesteramt zugelassen werden demnach Männer, »die Homosexualität praktizieren, tiefsitzende homosexuelle Tendenzen haben oder eine sogenannte ›homosexuelle Kultur‹ unterstützen«[39]. Worin liegt der Sinn dieser gesonderten Nennung einer homosexuellen Praxis und Kultur, wo die Zölibatsverpflichtung doch für Priester jedweder sexuellen Orientierung gilt und homosexuell empfindende Männer faktisch doch geweiht wurden? Und worauf zielen tiefsitzende Tendenzen, wenn sie nicht eine mangelhafte Beziehungskompetenz unterstellen wollen, die sich doch ebenso unter heterosexuell orientierten Menschen findet? Sollen sie das tiefsitzende und insofern unheilbare Gegenstück zu vielleicht heilbaren homosexuellen »Tendenzen« bilden, welche »bloß Ausdruck eines vorübergehenden Problems«[40] sind, wie die *Ratio Fundamentalis* formuliert? Wie soll ein Priesterkandidat sich unter solchen Vorzeichen mit seiner eigenen Sexualität auseinandersetzen können?

Wie auch immer die je eigene Sexualpräferenz aussieht, sie will angenommen werden. Die einzige Alternative dazu heißt Selbstverleugnung durch eine Sanktionsmacht, die in Kauf nimmt, dass sie damit den für geistlichen Missbrauch charakteristischen Kollusionen Vorschub leistet.

Für die Diagnose, Missbrauch sei vor allem der Homosexualität der priesterlichen Täter geschuldet, kennen wir den Therapievorschlag, keine homosexuell orientierten Männer mehr zu Priestern zu weihen. Zum einen stimmt schon die Diagnose nicht – Homosexualität ist kein Risikofaktor für sexuellen Missbrauch[41] –, und zum anderen könnte diese Argumentation weitere Konsequenzen nach sich ziehen: Schließlich machen sich sowohl an männlichen als auch an weiblichen Missbrauchsopfern in den allermeisten Fällen Männer schuldig. Drängt sich dann nicht die analoge Schlussfolgerung auf, gar keine Männer mehr zu weihen?[42]

4.3. Qualifizierte Geistliche Begleitung

In Geistlicher Begleitung hat weder der eine, der begleitet wird, noch die andere, die begleitet, Zugriff auf das Wirken des Geistes. Gesprächs*führung* zu lernen heißt vielmehr, sich dem Dritten anzuvertrauen, auf die Führungskraft des Geistes zu setzen – und damit zugleich die Gefahr zu bannen, dass Führer und Geführte zu Verführern und Verführten werden: »Der die Übungen gibt« – von einem Meister oder Führer ist hier nicht die Rede –, »darf nicht den, der sie empfängt, mehr zu Armut oder einem Versprechen als zu deren Gegenteil bewegen noch zu dem einen Stand oder der einen Lebensweise mehr als zu einer anderen«, so heißt es in den Geistlichen Übungen des *Ignatius von Loyola*. Beim Suchen des göttlichen Willens erscheint es »angebrachter und viel besser, daß der Schöpfer und Herr selbst sich seiner frommen Seele mitteilt ... Der die Übungen gibt, soll sich also weder zu der einen Seite wenden oder hinneigen noch zu der anderen, sondern in der Mitte stehend wie eine Waage *unmittelbar* den Schöpfer mit dem Geschöpf wirken lassen und das Geschöpf mit seinem Schöpfer und Herrn.«[43]

Diese Sätze bergen unhintergehbare theologische Qualitätsstandards. Denn Versuchungen entstehen auch aus Abhängigkeiten, die meiner Erfahrung nach phasenweise unvermeidbar sind, wenn Begleitete in ihrer Verzweiflung allein mir alle Macht und Expertise zusprechen. Doch dann kommt es darauf an, die stellvertretend übernommene Verantwortung rasch wieder zu teilen und für ein *empowerment* der Begleiteten Sorge[44] zu tragen, die doch allemal eine eigene Expertise und eigene Gaben mitbringen, an die ich stellvertretend glaube, bis Begleitete selbst wieder daran glauben können.

Unerlässlich ist eine qualifizierte *Supervision* Geistlicher Begleiter*innen – zur Klärung ihrer eigenen Motivationen und Bedürfnisse, etwa nach Anerkennung, Nähe und Distanz,[45] sowie zur Prävention von Kollusionen.

Hinzu kommen weitere psychologische Qualitätsstandards, denn Begleitende üben *doppelte Empathie*[46]: für die Regungen ihres Gegenübers ebenso wie für die Bewegung und den Willen Gottes. In doppelter Empathie kann ein Begleiter sich fürbittend an Gott wenden, darin solidarisch mit den ihm Anvertrauten und zugleich rückgebunden an Gott und sein Reich. Dieser Habitus[47] mag den Begleiter davor bewahren, sein eigenes Reich aufzubauen und sich und den Begleiteten das Wirken der Gnade Gottes zu verbauen. So werden spirituell Suchende nicht mundtot gemacht, weder durch den Zwang, bei einem gewalttätigen Ehemann zu verharren oder ein Beichtgeheimnis zu wahren, das ihnen angetan wurde, noch durch eine überfahrende Predigt oder ein übergeworfenes Gewand, in und unter dem sie verstummen. Vielmehr mögen sie – erstmals oder erneut – zur eigenen Stimme finden.

Sexueller Missbrauch an Kindern, Jugendlichen und erwachsenen Schutzbefohlenen

Tatorte – Sündenböcke – Fragen an Kirche und Theologie – Antwortversuche

1. Ein paar leise Töne zu Beginn

In meiner Heimatregion hat sexueller Missbrauch Kirche und Gesellschaft erschüttert, und diese Erschütterung hält weiter an, nicht nur in Deutschland – unter den Opfern in erster Linie, aber nicht allein bei ihnen, denn dank dieser Erschütterung setzen sich auch Menschen, die nicht selber sexuellem Missbrauch zum Opfer gefallen sind, damit auseinander.

Sexuelle Gewalt widerfährt Kindern und Jugendlichen vorwiegend in ihren eigenen Familien – bis heute. Zugleich sind unter den Tätern katholische Priester – in einem bisher massiv unterschätzten Ausmaß. Ich gehe fest davon aus, dass gerade die Kirchen sich damit noch lange werden befassen müssen, zumal dann, wenn ich mich den damit zusammenhängenden Fragen weltkirchlich nähere: Als *Länder des Bösen* outeten sich zunächst die *USA*, *Irland* und *Deutschland*, seit 2010 kamen viele weitere hinzu, beispielsweise *Chile*, aber weltweit werden weitere Enthüllungen folgen – mit dramatischen Folgen und bedrängenden Fragen, die gestellt werden müssen und denen wir uns stellen müssen.

Angesichts *international verbreiteter sexueller Gewalt*[48] darf die Sorge um die Opfer nicht unter der Hand wieder der Sorge um die Kirche weichen, braucht die vielfach geforderte Kultur des Hinschauens und Hinhörens weiterhin Pflege. Als Kirche kommen wir unserem Auftrag nach, wenn wir mit der Option für die Armen, Traumatisierten und Ausgestoßenen Ernst machen. Diesem Auftrag nachzukommen ist erst recht dann unsere Pflicht, wenn die Kirche diese Armen, Traumatisierten und Ausgestoßenen selber produziert hat.

Wer nur den Imageschaden der Kirche im Blick hat, verfehlt die Opfer.

Gewiss braucht es Läuterung und Erneuerung aus der Kraft des Heiligen Geistes. Aber die zu häufig geschwungene Rede von Krisen als Chancen und von einem Neuanfang, der für Opfer wie Hohn klingen muss, weil sie nie neu anfangen können, erscheint mir unpassend, ja gefährlich, wenn sie aus der gegebenen Erschütterung heraus den allmählichen Übergang zur gewohnten kirchlichen Tagesordnung einläuten soll, den es nicht geben kann und nicht geben darf. Vieles davon klingt in meinen Ohren eher wie verzweifelte Kraftmeierei in kirchlich grauenvoller Zeit. Ich schlage lieber leisere Töne an.

Worauf ich abziele, kündigen die vier Stichworte im Untertitel an: zunächst auf *Tatorte*, also darauf, die Opfer ins Zentrum der Auseinandersetzung zu rücken, die Täter aus der Deckung zu holen und für Missbrauch zu sensibilisieren; sodann auf *Sündenböcke*, nach denen Schuldbeladene gern Ausschau halten; auf *Fragen an Kirche und Theologie*, denn die Enthüllungen der letzten Jahre machen auch eine Auseinandersetzung mit der Sündigkeit der Kirche unumgänglich; schließlich auf *Antwortversuche*, also auf Lösungsansätze für strukturelle Problemlagen und darauf, insbesondere kirchlichen Veränderungsbedarf selbstkritisch zu benennen.

Mit anderen Worten geht es um die drängende und bedrängende *Aufgabe, den Schutz von Kindern und Jugendlichen, aber auch von erwachsenen Schutzbefohlenen weltkirchlich und weltweit wahr zu machen.*

2. Elternhaus, Pfarrhaus, Schulhaus – Tatorte sexueller Gewalt an Kindern und Jugendlichen

2.1. Missbrauch und Gewalt

Formen sexualisierter Gewalt erfahren *in Deutschland* etwa *15–20% der Mädchen* und etwa *5–10% der Jungen*.[49] Die landläufige Rede vom sexuellen *Missbrauch* lässt fälschlicherweise vermuten, es gebe einen legitimen sexuellen *Gebrauch* von Kindern. Darum spreche ich von *Gewalt*, die maximal in jedem dritten Fall jener böse Fremde ausübt, der seine ahnungslosen Opfer von der Straße lockt und ins Gebüsch zieht. Mehrheitlich hingegen stammt der Täter aus der Familie[50] des Kindes oder zumindest aus ihrem nächsten Umfeld: sei es der Vater, der Stiefvater oder der Großvater, sei es ein väterlicher »Freund«; und in einem von zehn Fällen ist der Täter eine Frau.

Findet sexuelle Gewalt außerhalb der Familie statt, können die Opfer zumindest im vertrauten Klima ihrer Eltern und Geschwister Zuflucht suchen angesichts mitunter schwerer Grenzverletzungen, die ihnen anderswo angetan wurden. Findet sexuelle Gewalt aber innerhalb der Familie statt – meist über Jahre hinweg –, wird diese selbst zum Tatort. *Machtgefälle*[51], wie sie gesellschaftlich zwischen Starken und Schwachen, Großen und Kleinen, Männern und Frauen vorherrschen, kulminieren innerhalb einer Familie auf tragische Weise in einem Verhältnis von Vater und Tochter, in welchem der Vater seine Macht und das Vertrauen seiner Tochter zu seiner eigenen Befriedigung missbraucht. So umschriebene sexuelle Gewalt tritt in der *Vater-Tochter-Beziehung* am häufigsten und am krassesten auf.

Einwürfe wie »Ein normales Kind wehrt sich« ver-
kennen die Lage gänzlich: Normal ist allenfalls,
dass kleine Mädchen sich nicht wehren können, sondern das entsetzliche »Geheimnis« sexueller Übergriffe schweigend bewahren, weil sie auf die Beziehung
zum Vater angewiesen sind, den Bestand der Familie
nicht gefährden wollen und oft gar nicht wissen können, dass es in anderen Familien anders zugeht. Sexuelle Gewalt durch den eigenen Vater kommt einem
Totalangriff auf das Menschsein eines Mädchens
gleich – und lässt sich darum treffend als *Seelenmord*[52]
bezeichnen.

2.2. Sexuelle Gewalt in der Familie

Solche Tatortfamilien[53] fallen sozial nicht auf und
schotten sich mit ihrem Innenleben nach außen hin ab.
Schichtspezifika lassen sich nicht feststellen. Die Bin-
nenkonstellation aber zeigt oft einige Charakteristika:
einen auffällig bedürftigen Vater in problematischer Beziehung zu einer Mutter, die sich von ihm zurückzieht;
einen Vater mit schwach ausgeprägtem Selbstwertgefühl,
der sexuelle Aktivitäten braucht, um sich stark zu fühlen,
dessen Ideale und Ängste es ihm aber verbieten, dafür
den familiären Rahmen zu sprengen, und eine Tochter,
die ihn idealisiert – und welche Tochter tut dies nicht
wenigstens eine Zeitlang?; eine Mutter, die nichts sieht
oder sehen will, möglicherweise selbst Opfer sexueller
Gewalt war und darum blind und fühllos ist für das, was
ihrem Kind geschieht. Vater und Tochter bilden eine
düstere Koalition der von der Mutter Verlassenen und
Enttäuschten.
Das chronisch überforderte und gedemütigte Mädchen
entwickelt heftige Schuldgefühle[54], weil es seiner Mutter

nicht gerecht werden kann, dem Vater schon gar nicht, sich selbst auch nicht, also allen etwas schuldig bleibt. Schon darum zeigt sich das Mädchen nach außen hin in höchstem Maße solidarisch mit allen Mitgliedern seiner Familie. Es gewährt keinen Einblick ins Familieninnenleben und erschwert damit massiv den Zugang zum Tatort.

Eine solche Familie gleicht einer Festung, die sich von Feinden umgeben fühlt – das Böse lauert ja allenfalls draußen – und innerhalb dieser starren Außengrenzen keine zwischenmenschlichen Grenzen kennt.

Das Kind ist am stärksten von Schuldgefühlen geplagt – doch trifft gerade es keine Schuld. Ist also der Vater schuld? Schließlich ist er der Täter! Oder die Mutter? Denn sie hat den Vater zurückgestoßen und ihr Kind nicht vor ihm geschützt.

Dabei sind die Eltern eines Opfers nicht selten selbst Opfer sexueller Gewalt. Sie können das Unrecht, das sie ihren Kindern antun, dann kaum wahrnehmen. Väter, die selbst Gewaltopfer sind, werden leichter als andere zu Tätern.[55] Mütter, die ihrerseits Opfer sexueller Gewalt sind, suchen sich auf unbewusster Ebene oft wiederum »Täter« als Männer, bleiben also Opfer. Sie sehen nicht, was ihrem Kind geschieht, weil sie diesen Sachverhalt vor sich selbst fernhalten. Solche Elternpaare können ihre Beziehung und die Erziehung ihrer Kinder kaum gelingend gestalten. Sie vermögen ihren Nachkommen nicht zu geben, womit diese sich nähren können, denn solche Eltern sind selbst Hungernde und fühlen sich als Zukurzgekommene. Seelenmord anzugehen heißt zunächst, ihn in Schuldzusammenhängen zu entdecken.

2.3. Symptomatik bei Seelenmord

Ein Bündel von Symptomen, die bei Opfern sexueller Gewalt in unterschiedlicher Gewichtung früher oder später auftreten, führe ich an: *depressive Verstimmungen*, scheinbar *»grundloses« Weinen*; *Schuldgefühle*, die das Opfer auf sich nimmt, um sich das gute Bild vom eigenen Vater trotz allem erhalten zu können; umfassende *Schamgefühle*, die am betroffenen Mädchen kleben wie die Hände des Gewalttäters; *Verachtung gegen den eigenen – geschändeten – Leib*, in dem es sich lebt wie im Exil; *selbstzerstörerische Handlungen* bis hin zu Selbstverstümmelungen und Suizidfantasien; *körperliche und seelische Verletzungen* sowie *Lähmungserscheinungen*; *auffällige Gefügigkeit*, der Eindruck, verraten und gebrochen zu sein; *Rückzug von Gleichaltrigen*, das Gefühl, nicht dazuzugehören, und ein *Sich-un-wirklich-Vorkommen*.

Betroffene blenden ganze Kindheitsphasen aus, mit denen sie keinerlei Erinnerung verbinden. Auf fatale Weise scheint sich zu bestätigen, was Täter gern glauben: dass Kinder sowieso vergessen. Sie entwickeln jedoch stark *konflikthafte Beziehungen*, die von massiven Ambivalenzen geprägt sind. Ferner kommt es zur *Sexualisierung*, also zur sexuellen Aufladung *von nichtsexuellen Beziehungen*, zu Verquickungen von Sexualität und Gewalt sowie zu dem Phänomen, dass sexuelle Kontakte vorrangig mit fremden Menschen möglich werden – bis hin zur Prostitution. So lassen sich Abhängigkeiten gegenüber emotional Nahestehenden wie dem Vater fortan vermeiden. Oft sind es überfallartig auftretende *Flashbacks* im jungen Erwachsenenalter, also plötzlich einsetzende sensorische Erinnerungen an bislang verdrängte Gewalterfahrungen, vor deren Aufdeckung sich das Kind seither um seines bloßen Überlebens willen schützen musste. Diese

»Gedächtnisfetzen« bringen einen sehr schmerzhaften Prozess in Gang, den Betroffene niemals allein bewältigen können. Professionelle Unterstützung ist unerlässlich. Welche Formen des Beistands sind aus praktischer Erfahrung hilfreich? Ist Versöhnung – etwa mit der eigenen Geschichte – überhaupt möglich?

2.4. Möglichkeit und Unmöglichkeit von Versöhnung

Einander-Verzeihen und Sich-miteinander-Versöhnen sind zentrale, aber praktisch nicht oder nur sehr schwer erreichbare Ziele im Umgang von Täter und Opfer. Dabei darf der Wunsch nach Versöhnung[56] das Opfer nicht des Rechts berauben, Wut zu empfinden und zu artikulieren sowie Rachefantasien zu entwickeln. Einige Fragen tauchen auf: Kann ein Mensch überhaupt jemandem verzeihen, der ihm die Lebensgrundlage weggezogen hat, der Seelenmord an ihm begangen hat? Kann ein Mensch seiner Mutter verzeihen, die ihn davor nicht bewahrt hat? Kann ein Mensch seinem Vater verzeihen, der seine Taten möglicherweise selbst verdrängt hat und dem es an Einsicht in seine Schuld fehlt? Kann ein Mensch sich mit sich selbst, seiner Geschichte, seiner zerbrochenen Kindheit und seiner gebrochenen Existenz versöhnen? Kann er mit dem Kind, das er war und an dem Seelenmord begangen wurde, in Kontakt kommen? Dieses Kind kann nur leben, wenn das Gewaltopfer seine Opferrolle eines Tages fahren lässt. Oft erliegen Betroffene – verständlicherweise – der Gefahr, sich in ihrer Opferrolle dauerhaft festzuschreiben. Diese hindert zwar am Leben, verleiht dem Nicht-Leben aber eine orientierende Struktur. Manche Frauen halten an ihrer Opferrolle fest, weil sie fürchten, das verletzte Kind zu verraten, wenn sie ihre Opferrolle aufgeben. Sie haben viele Jahre gebraucht, um einen Zugang zur Wahrheit dieses Kindes zu finden und sich diese zuzumuten, und spüren nun starke Widerstände dagegen, sich davon zu verabschieden. Dabei geht es letztlich jedoch nicht darum, das beschädigte Kind im Stich zu lassen, sondern darum, ihm ein neues Haus zu bauen, in dem es sich frei und heimisch fühlen darf.

Manchmal höre ich Hinweise mit Aufforderungscharakter an Betroffene, auch Jesus habe am Kreuz seinen Henkern vergeben. Mitnichten! Jesus bat nicht diese, sondern seinen Vater im Himmel, seinen Mördern zu vergeben: »Vater, vergib ihnen, denn sie wissen nicht, was sie tun!« (Lk 23,34). Darin liegt ein großer Unterschied.[57] Zwischen Menschen passieren Verletzungen und Traumatisierungen[58], die wohl erst vor Gott vergeben werden können; das mag auch für Seelenmord gelten.

Die Wortwahl – Seelenmord – legt es nahe, an das Modell der fünf Phasen des Sterbens[59] zu erinnern. Dieses kann nach meiner Erfahrung dem Beistand eine analoge Struktur verleihen.

2.5. Möglichkeiten des Beistands

Schock und Verleugnung (1) dessen, was die genannten Flashbacks erahnen lassen, stehen am Anfang. Das Ungeheuerliche erscheint der Betroffenen unglaublich. Sie ist in Verzweiflung darauf angewiesen, dass ein anderer, ein Beistand, eine Lehrerin, ihr glaubt, was sie selbst kaum glauben kann.

Zorn und Wut (2) brechen auf – auf dem Weg vom »Ich doch nicht!« zum »Warum denn ausgerechnet ich?« Zorn und Wut richten sich gegen Täter, gegen Familienmitglieder, die das Kind nicht schützten oder es gar auslieferten, letztlich gegen Gott,[60] der Betroffene im Stich gelassen hat. Angst kommt auf, an dieser Entdeckung, ein Opfer sexueller Gewalt zu sein, zu zerbrechen.

Verhandlungen (3) zur Schadensbegrenzung setzen ein: »Ja, ich bin Opfer, aber mein Vater hat nur die Nähe gesucht, die meine Mutter ihm verweigerte.«

Depression (4) drückt nieder angesichts der Einsicht: »Ja, mir ist es passiert.« Die Berührung mit dem eigenen traumatischen Schmerz ist fast unerträglich – und leider zugleich Voraussetzung für jeden weiteren Schritt. Auch kommt es darauf an, den Ekel gegenüber der eigenen Person, gegenüber der eigenen Körperlichkeit demjenigen zuzuweisen, der das Ekel ist.

Annehmen (5) des Unannehmbaren, das geschehen ist, wird zum jahrelangen Prozess – mit dem Ziel, nicht mehr Verlorenem hinterherzujagen, sondern vielmehr für das innere Kind zu sorgen, das der Betroffenen zurückgegeben wird, und der Zukunft entgegenzugehen, die vielleicht nicht in jeder Hinsicht vernagelt ist.

Der Beistand wirkt stützend, Schritt für Schritt, aber niemals beschleunigend, um nicht zu schnell zu viel Dunkles ans Licht zu bringen, dessen Entdeckung »auf einen Schlag« die Betroffene wohl nicht zu ertragen vermag und Retraumatisierungen begünstigt.[61] Sie gibt das Tempo vor. Wenn der – vielleicht unfreiwillige und womöglich einzige – Beistand sich überfordert fühlt, möge er weitere fachliche Hilfe hinzuziehen, aber möglichst nicht die Betroffene zurückstoßen, die endlich Mut zum Sprechen gefunden hat. Und er möge Idealisierungen, die *ihm* angetragen werden, widerstehen, um ein neuerlich mögliches Machtgefälle zu unterlaufen.

Offensiv anzugehen ist das Thema sexueller Gewalt in Abhängigkeitsbeziehungen über den Tatort Familie hinaus aber auch in anderen Zusammenhängen: in therapeutischen, seelsorglichen und Lehrer-Schüler-Beziehungen, wenn es dort zur folgenschweren Verwechslung von Problem und Lösung kommt.

2.6. Sexuelle Gewalt in Kirche und Schule

Primärer Tatort sexueller Gewalt an Kindern und Jugendlichen ist die Familie. Dieser Umstand darf jedoch nicht darüber hinwegtäuschen, dass jungen Menschen auch an anderen Orten Traumatisches zustößt. Die Tiefe der Wunden, die ihnen zugefügt werden, hängt auch damit zusammen, dass diese Orte ehedem Heimat und Schutz bieten, Nähe und Vertrauen schaffen sollten. Für diese Qualitäten steht traditionell auch das Pfarrhaus – keineswegs der einzige, aber der bevorzugte Tatort katholischer Priester, die sich an Minderjährigen vergehen. Opfer sind Kommunionkinder, Ministrant*innen und Schüler*innen. Letztere werden zu Opfern, wenn Geistliche in ordenseigenen Bildungseinrichtungen erziehend und lehrend tätig sind und die Mischung aus Vertrauens- und Abhängigkeitsverhältnis zu sexueller Ausbeutung nutzen. Opfer werden dabei insbesondere Kinder von Familien, mit denen der priesterliche Täter in engem Kontakt steht. Eltern waren und sind oft nicht sensibel genug für die Irritationen, die ihre Kinder artikulieren. Sie halten »ihren« Pfarrer für einen Mann ihres Vertrauens, in den sie mitunter auch eine Erhabenheit über sexuelle und andere Wünsche nach Nähe projizieren. Sie glauben fatalerweise ihren Kindern nicht, sofern diese sich nicht sowieso haben mundtot machen lassen. Kinder finden dann auch in ihrer eigenen Familie keinen Rückhalt. Zudem kommt einem Priester und einem Pater eine Vaterrolle zu, die der Ausübung sexueller Gewalt eine stark inzestuöse Note verleiht.

Der Grad der Schädigung eines Opfers hängt von der Schwere, der Dauer und dem Beginn von Grenzverletzungen und Übergriffen ab – dabei lassen sich *Übergriffe* durch ihr gezieltes und absichtsvolles Vorgehen von *Grenzverletzungen* unterscheiden. Der Grad der Schädigung hängt auch von der verwandt- und bekanntschaftlichen Nähe zum Täter ab, vom Ausmaß der Gewaltanwendung und von der Einforderung von Geheimhaltung, schließlich von den Vertrauensbeziehungen[62], die dem Opfer geblieben sind. Die Aufzählung dieser Faktoren macht deutlich, wie schwer ein Missbrauch von Nähe wiegt, wenn ihn ein mit der Familie befreundeter Priester ausübt – gegenüber einem Kind, dem dann keine Vertrauensbeziehungen mehr bleiben, nicht einmal die *Gottesbeziehung*: Denn diese ist mit einem Täter verwoben, der diese Beziehung erschließen könnte, stattdessen aber die Gottesbeziehung in Mitleidenschaft zieht oder gar zerstört.

Das ohnehin Verbrecherische spitzt sich zu, wenn priesterliche Täter ihrerseits *in persona Christi* (Can. 1008 CIC) handeln und *geistlichen Missbrauch* begehen. Wenn aber der Gekreuzigte und Auferstandene sich mit allen Opfern solidarisiert hat, bis in den Tod und darüber hinaus, dann müssen sich die für diese Verbrechen Verantwortlichen auch vorhalten lassen, dass sie sich mit dem Seelenmord, den sie verübt oder zugelassen haben, zu Henkern ihres Herrn gemacht haben.

2.7. Pädophilie

Im Jahr 2004 wurde der *John Jay Report* veröffentlicht, den die US-amerikanische Bischofskonferenz in Auftrag gegeben hatte: *The Nature and Scope of the Problem of Sexual Abuse of Minors by Catholic Priests and Deacons in the United*

States 1950–2002[63]. Dieser Untersuchung zufolge vergingen sich katholische Geistliche im Unterschied zum Gros der Täter auffällig oft an Heranwachsenden männlichen Geschlechts. Diese Jungen befanden sich mehrheitlich in peri- oder postpubertärem Alter. Darum heißt die Diagnose hier nicht *Pädophilie*, sondern *Hebephilie* – nach Hebe, der griechischen Göttin der Jugend – oder *Ephebophilie* bei männlichen und *Parthenophilie* bei weiblichen Jugendlichen.

Aber allein schon den Begriff der Pädophilie, der sich wörtlich als Freundschaft zu einem Kind übersetzen lässt, halte ich für eine Verschleierung, die den damit verbundenen Straftatbestand und die Perspektive des Opfers, dem diese »Liebe« angetan wird, völlig aus dem Blick verliert. Pädophilie gilt derzeit als eine nicht heilbare psychische Störung. Zudem lässt sich eine *fixierte Pädophilie*, die sich ausschließlich auf Kinder richtet, unterscheiden von einer *regredierten Pädophilie*. Letztere tritt dann auf, wenn Erwachsene, die sich auch oder primär zu anderen Erwachsenen hingezogen fühlen, angesichts stressbeladener sexueller Erlebnisse mit einem erwachsenen Gegenüber zu »Ersatzobjekttätern« werden und sich an Kindern vergehen. Nicht jeder »Kinderschänder« ist also im klassisch fixierten Sinn pädophil. Aber Pädophile haben einen Blick für Kinder, die Hilf- und Wehrlosigkeit sowie emotionale Unterversorgtheit ausstrahlen und sich in jene Machtkonstellationen fügen, die die Täter suchen.

3. Sündenböcke als Missbrauch mit dem Missbrauch

Die erdrückende Last der Schuld, die Priester, andere Täter, Orden und Diözesen, Weltkirche und Gesellschaft zu tragen haben, lässt es menschlich nachvollziehbar erscheinen, wenn Sündenböcke gesucht werden, die mit dieser Schuld beladen und in die Wüste geschickt werden können. Was aber nicht angehen darf, sind leise oder laute Versuche, aus der Not Betroffener Kapital zu schlagen – gleich welcher Währung. Denn manche Stellungnahme hinterlässt bei mir den Eindruck, als böte die aktuelle Auseinandersetzung um sexuelle Gewalt die willkommene Gelegenheit, diverse überkommene Feindbilder zu reaktivieren, sei es durch Vertreter von Politik und Gesellschaft, sei es durch Repräsentanten der Kirche. Solche Instrumentalisierungen empfinde ich gerade bei diesem Thema als unerträglich, weil damit die Gefahr einhergeht, dass mit dem Missbrauch erneut Missbrauch getrieben wird.

3.1. Sündenbock Homosexualität

Die Debatte eignet sich nicht für einen Feldzug gegen Homosexualität, denn ein Zusammenhang von Homosexualität und Pädophilie lässt sich nicht erkennen. Jüngsten Studien zufolge kommt *Pädophilie unter homosexuell orientierten Männern nicht häufiger* vor *als unter heterosexuell empfindenden Männern.*[64]
Die Zahl primär homosexuell ausgerichteter Männer ist unter katholischen Priestern zwar erheblich höher als in der Gesamtbevölkerung, aber nicht Homosexualität

macht anfällig für pädophiles oder ephebophiles Verhalten, sondern sexuelle Unreife: Eine mehr oder minder starke Tabuisierung von Homosexualität in kirchlichen Zusammenhängen schürt eine Vermeidungshaltung gegenüber der nötigen Auseinandersetzung mit der eigenen Sexualität, und mancher Priester entdeckt im Nachhinein auf für ihn schmerzliche Weise, dass seine eigene Berufungsgeschichte von der Aussicht begünstigt wurde, dass ihm dadurch die weitere Konfrontation mit der eigenen Sexualität erspart bliebe. Aber die *Mischung aus sexueller Unreife und uneingestandener Neigung* bedeutet eine besondere Anfälligkeit für pädophiles Verhalten. Wie auch immer die je eigene Sexualpräferenz aussieht, sie will angenommen werden. Differenzieren lässt sich dann zwischen Annehmen und Gutheißen, zwischen Empfinden und Ausleben. In jedem Fall gibt diese Gemengelage Hinweise darauf, warum bei Priestern vorrangig Jungen zu Opfern werden. Hinzu kommt ganz schlicht, dass bei einem kirchlich getragenen Knabeninternat gleichsam Gelegenheit Täter macht.

Auch die von der *Deutschen Bischofskonferenz* bei einem Forschungskonsortium in Auftrag gegebene und im Jahr 2018 veröffentlichte *Studie zum sexuellen Missbrauch an Minderjährigen durch katholische Priester, Diakone und männliche Ordensangehörige* kommt zu dem eindeutigen Schluss, dass Homosexualität kein Risikofaktor für sexuellen Missbrauch sei.[65]

3.2. Sündenbock Zölibat

Die Debatte eignet sich auch nicht dafür, den Zölibat zum Sündenbock zu erklären, sosehr die aktuelle Auseinandersetzung diejenigen auf den Plan ruft, die ehelos Lebende unter einen Generalverdacht stellen. Modelle dauerhafter Enthaltsamkeit leben auch in anderen Kulturen. Zugleich muss sich der Pflichtzölibat mit und ohne Missbrauch die Frage gefallen lassen, ob und wie mit ihm und den geltenden Zulassungsbedingungen zum priesterlichen Amt der Heilsauftrag der Kirche erfüllt werden kann. So oder so aber gilt: *Der Zölibat generiert keine Pädophilie, und die Ehe verhindert kein pädophiles Verhalten.*

3.3. Sündenbock Kirche

Die Debatte eignet sich auch nicht für einen Rundumschlag gegen die Kirche. Gleichwohl müssen die Verantwortlichen unumwunden anerkennen, dass Täter oft und lange mehr und besser geschützt wurden als Opfer.[66] Auch machen wir es uns als Kirche zu leicht, wenn wir uns dem Irrglauben hingeben, Missbrauch habe vor allem in längst zurückliegenden Jahrzehnten stattgefunden, die meisten Täter seien längst tot. Und wir machen es uns auch zu leicht, wenn wir in unerträglicher Naivität behaupten, wir hätten bei der Versetzung von Tätern – diese erfolgte mitunter in weltkirchlichem Maßstab, etwa in Orden – an die Opfer gedacht und an den Neuanfang eines Täters geglaubt. Wir haben vertuscht und an das Image der Kirche gedacht.

Tun wir uns mit unschuldigen Opfern schwerer als mit schuldigen Tätern? Haben wir in Theologie und Spiritualität vielleicht ein hohes Maß an *Sündenempfindlichkeit* entwickelt, aber zu wenig *Leidempfindlichkeit*?

3.4. Sündenbock Gesellschaft

Die Debatte eignet sich aber auch umgekehrt nicht dazu, die katholische Sexualmoral als Bollwerk gegen Kindesmissbrauch zu inszenieren und darauf zu verweisen, dass auch nichtkatholische und säkulare Einrichtungen, die mit Kindern und Jugendlichen arbeiten, auf potenziell pädosexuell Handelnde anziehend wirken. Inhaltlich stimmt dies zwar, wenn ich etwa an Sportvereine denke, aber als Kirche müssen wir uns an unseren eigenen hohen Maßstäben messen lassen,[67] auch an Versprechen und Gelübden, die spätere Täter einst abgelegt haben. Und wenig plausibel wirkt, wenn genau diejenigen, die von einem Bollwerk sprechen, eine Mitschuld an dem aufgedeckten Elend einer gesellschaftlichen Liberalisierung anlasten, die zur Verunsicherung auch unter Geistlichen geführt hätte. Wenn Letzteres zutrifft, dann sehe ich kein Bollwerk.

3.5. Sündenbock Medien

Als beliebter Sündenbock erweisen sich auch in dieser Debatte die Medien. Das Bild einer sensationslüsternen Presse, die durch den Kakao zieht, was auch immer sie zu fassen kriegt, passt meiner Wahrnehmung zufolge jedoch ganz und gar nicht.

Aus der Fülle der Berichterstattung auf allen Kanälen bleiben mir deutsche Internate auf bittere Weise unvergesslich, an denen systematischer Missbrauch auf der Tagesordnung stand. Absolvent*innen dieser Schulen melden sich zu Wort und schreiben von Betroffenen, die durch Suizid ums Leben kamen. Die Auseinandersetzung mit ihren Zeugnissen treibt mich der Frage zu, welche Rolle Mitschüler*innen zukommt, auch Eltern und all den schweigenden Mitläufern, die den Tätern die Macht ließen.[68] Jedenfalls kommt diesen Berichten in den Medien das Verdienst zu, dass sie nicht allein die Perspektive der Opfer oder der Täter wählen, sondern eine dritte: Welche Rolle spielen die Mitläufer? Und warum führten »Veröffentlichungen« sexueller Gewalt in früheren Jahren zu nichts?

Schulträger und Verantwortliche unterschiedlichster Provenienz entwickeln ein Feindbild, gemalt auch von Repräsentanten der Kirchen: Sie kritisieren den laufenden Mediendiskurs, der sich in meinen Augen jedoch als ausgesprochen multiperspektivisch und geradezu ausgewogen erweist.

4. Drängende Fragen an Kirche und Theologie

4.1. Geschlossene Systeme – und ihre Mitläufer?

Die Hecke um manche betroffene Schule wuchs immer dichter zu – und machte sie zu einem geschlossenen System, in dem ein reflexiv-kommunikatives Miteinander keinen Platz mehr fand. In einem solchen System ist es gar nicht möglich zu fragen, was mein Tun anderen bedeutet und antut – aber möglich, Schüler*innen scheinbar ohne Zwang in den Bann zu ziehen, sodass diese die Ehre empfinden, dazuzugehören – zum Kreis derer, die einem pädophilen, aber auch charismatischen und darum verehrten Lehrer die Nächsten sind, aber auch die nächsten Opfer. Mich treibt die *Frage nach dem Unbewussten einer Institution*[69] um, an der »wir« eben »etwas ganz Besonderes« sind, auch die *Frage nach Machtmechanismen*, denen Mitläufer unterliegen, und die *Frage nach den Kirchen*: Inwiefern bilden sie geschlossene Systeme, inwiefern lassen sie reflexiv-kommunikative Prozesse nicht zu?

Solche Systeme müssen aufhören, geschlossen zu sein. Sonst ziehen auch die Mitläufer geschlossen mit. Dies gilt für ein Internat ebenso wie für eine Familie, und dies gilt für die Kirche. Vor diesem Hintergrund kann ein Kirchenaustritt der für viele Menschen schmerzliche, aber konsequente Schritt aus diesem System sein – auch um den Preis der damit drohenden metaphysischen Obdachlosigkeit.

4.2. Heilige Kirche – und sündige Kirche?

Ein geschlossenes System ist blickdicht abgeschirmt, kennt keine Supervision durch Dritte und keine Vision, die jenseits dieses Systems liegt. Doch damit verfehlt die Kirche ihren Auftrag. Sie eignet sich zwar weiterhin nicht als Sündenbock, aber sie ist auch nicht ohne Sünde. Unsere Kirche ist nicht nur eine Kirche, in der auch Sünder leben, nicht nur eine Kirche der Sünder, vielmehr ist unsere Kirche eine sündige Kirche. Wann immer sie handelt, leitet, Entscheidungen fällt – oder nicht fällt –, ist dieses Handeln zugleich Handeln konkreter Menschen, die eben sündigen können – *als* Frauen und Männer der Kirche. Ein Mensch ist nicht nur Sünder in einer davon unberührten Kirche, nein, vielmehr bestimmt er die Qualität seiner Kirche mit – nicht nur der Priester, auch der Familienvater.

Und als Kirche der Sünder ist sie auf eine Demut verpflichtet, ohne die sie nicht die heilige wäre, zu der wir uns im *Credo* bekennen, heute vielleicht ebenfalls in leisen Tönen. Die Kirche bildet keine perfekte Gesellschaft, der die Sünde allenfalls als ihr Akzidens gilt. Ihre Heiligkeit hängt, sofern dieses Attribut angesichts der sexuellen Gewalt überhaupt noch einsatzfähig bleibt, gewiss nicht an ihrer Freiheit von Sünde. *Gott* ist heilig mit und für uns, indem der menschgewordene Gott, der keine Sünde kannte, in Jesus Christus als der schlimmste Sünder angesehen und ans Kreuz genagelt wird; indem der menschgewordene Gott uns begegnet; indem nichts aus dieser Zuwendung, nichts aus dieser Gnade herausfällt, nicht in der Sünde, nicht im Tod, nicht im Gericht. Und die Täter? Ihnen ihre Taten zu verzeihen, mag schwer, mag menschenunmöglich sein, jedenfalls für diejenigen, aus denen die Täter Opfer gemacht haben.

Aber manch einer scheint es für noch weniger verzeihlich zu halten, dass die Täter ihre Kirche um das Image des Heiligen gebracht haben. Wollen wir eine Kirche der Reinen, eine sündlose Kirche kreieren, indem wir die Täter gänzlich ausgrenzen und verstoßen, nur um uns selbst als abgrundtief unschuldig in Szene zu setzen? »Wer von euch ohne Sünde ist, werfe als Erster einen Stein auf sie« (Joh 8,7).

4.3. Solidarität mit den Opfern – und den Tätern?

In meinen Augen ist hier eine *praktische Theologie der Stellvertretung*[70] gefragt: Wenn ich mich nicht auf die Seite der Opfer stelle, wenn ich sie nicht vertrete, wo und solange sie sich nicht selber vertreten können, wenn ich sie nicht gegenüber den Tätern vertrete, werde ich niemals ahnen können, was deren Tat zum Seelenmord macht. Solidarität entzündet sich bei den Opfern, bei denen, die als Geschädigte und Beschädigte darauf angewiesen sind. Dabei kann die Bezeichnung als Opfer zu einer zweiten Demütigung werden, wie der Anwurf »Du Opfer!« verrät. Schlage ich mich aber *exklusiv* auf die Seite der Opfer, bleiben mir meine eigenen Abgründe verborgen. Wenn ich mich von den Tätern gänzlich fernhalte, sie also auch nicht gegenüber einer drohenden Ausstoßung ins Niemandsland vertrete, werde ich nicht begreifen, wie schnell Täter zu Opfern werden – zu Opfern, wenn ihr ganzes Menschsein auf ihre Tat reduziert wird.

Gleichwohl macht der Unterschied von Täter und Opfer weiterhin einen heftigen Unterschied: Täter verlieren auch dann nicht ihr Tätersein, wenn sie selber Opfer gewesen sind, und Opfer müssen nicht sündlos sein, um als Opfer gelten zu können. Das Urteil – Seelenmord –

bleibt, aber auch die Frage nach Möglichkeit und Unmöglichkeit von Versöhnung bleibt.

Ich kann nur dann an die heilige Kirche glauben, wenn diese zwischen Verurteilung und Versöhnung vermittelt.[71] Der Gekreuzigte, der sich mit Sünder*innen identifiziert, nimmt ihnen ihre eigene Schuld nicht ab, biegt auch die Folgen der Sünde nicht ab, und doch wirkt der stellvertretende Tod Jesu Christi verändernd: Der Gekreuzigte ermöglicht es dem Sünder erst, sich der eigenen Schuld zu stellen, und dies nicht nur in vorletzter, sondern in letzter Konsequenz – und lässt ihn das eigene Sündersein im Gerechtsein in Christus als überwunden glauben.[72]

Wenn der Gekreuzigte in das Reich des Todes hinabsteigt, so tritt er in seinem Tod und durch seine Auferstehung in die Solidarität mit den Toten und ihrem Leid ein; so begründet er Solidarität unter den Menschen über den Tod hinaus. Christliche *Diakonie* zielt auf Solidarität, und selbst denen, die anderen Leid zugefügt haben, spricht Jesus Versöhnung zu, schenkt Jesus die Möglichkeit zur Wandlung. Christliche Diakonie – und dies ist das Schwierige an ihr – kann auch vor den Tätern nicht Halt machen. »Vater, vergib ihnen, denn sie wissen nicht, was sie tun!« (Lk 23,34). Vorfahrt für die Opfer gilt weiterhin, aber die Versöhnungsarbeit mit Opfern *und* Tätern darf nicht auf der Strecke bleiben, auch wenn sich dieser Weg in seiner Erfolglosigkeit hinzieht bis zum Jüngsten Gericht.

5. Antwortversuche: Lösungsansätze für strukturelle Problemlagen

Ein strukturelles Problem unserer Kirche sehe ich darin, dass der Pflichtzölibat zwar nicht seinerseits pathologisierend wirken muss, aber zuvor schon Pathologisierte anzieht. Der Zölibat kann auf einen jungen Mann attraktiv wirken, der damit bewusst oder unbewusst die Chance verbindet, die in der Pubertät stehengebliebene Auseinandersetzung mit der eigenen Sexualität zu kaschieren oder gar eine Tugend daraus zu machen – aber eben nur so lange, bis es zu Übergriffen auf jene kommt, die nun tatsächlich erst ein pubertäres Lebensalter erreicht haben.

5.1. Kirchliche Leitlinien

Strukturelle Probleme lassen sich nicht leugnen, es geht nicht allein um Vorkommnisse durch einzelne Täter. Es geht nicht um Fehler Einzelner, auch nicht um Fehler vieler Einzelner, zumal Fehler keine theologische Kategorie ausmachen, es geht vielmehr um *strukturelle Sünde*[73]. Strukturelle Probleme fordern zu strukturveränderndem Handeln heraus. Leitlinien nationaler Bischofskonferenzen[74] und Ordensobernkonferenzen zum Vorgehen bei sexuellem Missbrauch Minderjähriger und auch erwachsener Schutzbefohlener durch Kleriker, Ordensangehörige und andere haupt- und ehrenamtliche Mitarbeiter*innen sehen daher vor, dass *jeder Bischof in seiner Diözese und alle Ordensoberen in ihren Gemeinschaften Menschen damit beauftragen, Vorwürfen nachzugehen, diese zu prüfen und gegenüber staatlichen Strafverfolgungsbehörden als*

Kontaktpersonen zu fungieren. Dabei sollten möglichst zwei Personen benannt werden, eine Frau und ein Mann. Diesen Beauftragten gegenüber haben alle kirchlichen Mitarbeiter*innen einer Diözese oder einer Ordensgemeinschaft Meldepflicht, Priester unter Wahrung der Bestimmungen über das Beichtgeheimnis (Can. 983 und Can. 984 CIC).

Unverzichtbar erscheint mir, die Auswahl der *Ansprechpartner*innen* in den einzelnen Bistümern selbstkritisch zu prüfen und zwingend externe Berater*innen zu konsultieren. Diözesane Beauftragte brauchen das Vertrauen ihres Ortsbischofs, Ordensbeauftragte das Vertrauen der Oberen, aber sie müssen *strukturell unabhängig* agieren können, dürfen also nicht zur Leitung einer Diözese oder einer Ordensgemeinschaft gehören. Wer in kirchlichen Räumen sexuelle Gewalt erlebt und überlebt hat, wird kein Vertrauen in die Institution setzen können, in der er oder sie gedemütigt wurde.

Zudem kommt es darauf an, dass jeder Bischof eine *Gruppe ständiger Berater*innen* beruft, in der sich psychiatrischer und psychotherapeutischer, juristischer und kirchenrechtlicher Sachverstand, pastorale sowie weitere Kompetenzen, Erfahrungen Betroffener selbst und Erfahrungen im Umgang mit Betroffenen versammeln.

Die persönliche Auseinandersetzung mit Grenzverletzungen, Übergriffen und Gewalt muss mit der strukturellen Verankerung des Themas in der kirchlichen Arbeit Hand in Hand gehen. Wer in kirchlichem Auftrag Kontakt zu Betroffenen pflegt, hat Anspruch auf *supervisorische Unterstützung.*

5.2. Umgang mit Tätern und Opfern

Personen, die sich des sexuellen Missbrauchs Minderjähriger schuldig gemacht haben, werden nicht mehr in Bereichen eingesetzt, die sie mit Kindern und Jugendlichen in Verbindung bringen. Aber auch eine Versetzung in ein Altenheim bietet dazu keine Alternative, weil die Muster mangelnder Beziehungsfähigkeit und gesteigerter Übergriffigkeit gegenüber Wehrlosen dort fortleben.

Wer eindeutig pädophil ist, kann nicht in der Seelsorge eingesetzt werden, auch nicht nach einer Psychotherapie. Diese zielt darauf zu verhindern, dass diese Präferenz zur Tat wird; sie will unterbinden, dass diese »Sucht« der Versuchung erliegt, ihr nachzugeben; sie zielt auf Kontrolle entsprechender Impulse und auf eine Förderung der Empathiefähigkeit im Umgang mit der Welt von Kindern. Allerdings erweist sich die Rückfallquote unter einschlägig straffällig Gewordenen mit nahezu 50% als sehr hoch.

Im Unterschied dazu lassen sich sexuelle Entwicklungsstörungen, die unter erschwerten Lebensbedingungen auftreten, therapeutisch behandeln. Wer jedoch einmal ephebophiles Fehlverhalten gezeigt hat, kann nicht mehr in der Kinder- und Jugendarbeit, sondern allenfalls in anderen kirchlichen Zusammenhängen tätig werden. Aber jeder neue Einsatz setzt voraus, dass das zugehörige Umfeld informiert ist, supervisorische und therapeutische Begleitung gewährleistet ist und zuvor unabhängige Gutachten eingeholt wurden, die allerdings auch irren können. Zweifel an der Nichtrückfälligkeit eines Priesters verbieten dessen seelsorglichen Einsatz.

Die Bischofs- und Ordensobernkonferenzen sagen *den Opfern und ihren Angehörigen menschliche, psychotherapeutische und seelsorgliche Hilfe sowie weitere Leistungen in Anerkennung des Leids* zu, das ihnen angetan wurde. Leitlinien sollen Vertuschung und Verschleierung verhindern und verpflichten die Verantwortlichen dazu, die zuständigen kirchlichen und staatlichen Behörden frühzeitig einzuschalten und bei ihrer Arbeit aktiv zu unterstützen.

Allerdings verhinderte die zunächst gegebene Rechtslage oft die Aufklärung der Taten auf strafrechtlichem Wege: Die einst festgesetzte *Verjährungsfrist* von zehn Jahren war, auch wenn sie erst mit der Vollendung des 18. Lebensjahres einsetzte, zu knapp, weil die Anzeigen der Opfer praktisch keine Chance hatten: Im Alter von 28 Jahren erlosch damit der Anspruch eines Opfers auf Strafverfolgung, weil das Verbrechen als verjährt galt. Dabei gehen mit sexuellen Traumata langjährige Nachwirkungen einher. Zu einer Anzeige kommt es oft erst nach einer zeitintensiven Therapie, nach gescheiterten Partnerschaften und Familiengründungen. Diese Verjährungsfrist entsprach eher der Perspektive eines Täters, der eigene Gewalterfahrungen aggressiv verarbeitet und sich einredet, damit dem Opfer nicht zu schaden oder gar es in die Welt der Sexualität einführen zu können. Diese Verjährungsfrist entsprach aber gewiss nicht der Perspektive eines Opfers, für das die Tat oft erst nach Jahrzehnten ihren vollen Schrecken entfaltet. Die wohl größte Tragik liegt darin, dass sie schlussendlich zum Suizid des Opfers führen kann. Inzwischen bestehen Verjährungsfristen von bis zu 30 Jahren.

Und selbst wenn der Verdacht des sexuellen Missbrauchs nach staatlichem Recht nicht weiterverfolgt wird, etwa weil Verjährung eingetreten ist, sollen sich die kirchlich Zuständigen selbst um Aufklärung bemühen.

Zudem hat *Papst Franziskus* mit seiner Instruktion *Über die Vertraulichkeit der Fälle*[75] das päpstliche Geheimnis bei der Verfolgung von Missbrauchsstraftaten am 17. Dezember 2019 mit sofortiger Wirkung aufgehoben. Aufklärung kann also nicht mehr mit Hinweis auf das *secretum pontificium* erschwert, Ermittlungen und möglicherweise bestehende staatliche Anzeigepflicht nicht mehr behindert werden.

5.3. Gegen eine Nulltoleranzlösung

Mit dem bisher Vorgebrachten spreche ich mich im Umgang mit priesterlichen Tätern gegen eine absolute Nulltoleranzlösung im Sinne ihrer sofortigen Entlassung aus dem Klerikerstand aus. Sie wirkt zwar streng und konsequent, führt aber in meinen Augen von einem Graben der Vernebelung in einen anderen: Diese »Lösung« ist gar keine, wenn die Kirche damit für diejenigen, die einmal als Kirche tätig waren, alle Verantwortung von sich weisen und diese der übrigen Gesellschaft überlassen und anlasten würde. Zu einer uneingeschränkten Solidarität mit den Opfern gehören auch eine Mitverantwortung für den und eine Barmherzigkeit mit dem Täter, der oft selbst einmal Opfer war – aber ohne zu beschönigen, was er getan hat, hier bleibt es bei »null« Toleranz, und unabhängig davon, ob es sich um einen Priester oder einen anderen kirchlichen Mitarbeiter handelt. Der Schutz potenzieller Opfer hat Vorrang, aber Versuche, Tätern gerecht zu werden, haben ebenfalls ihr Recht, so schwer sie auch fallen. Schließlich hilft Täterarbeit auch dabei, teuflische Deliktkreisläufe zu unterbrechen; *Täterarbeit dient* folglich *dem Opferschutz.*

5.4. Für Prävention in der Arbeit mit Schutzbefohlenen

Leitlinien bieten den Rahmen, innerhalb dessen einzelne kirchliche Einrichtungen und Verbände ihre eigenen *Schutzkonzepte* entwickeln können und müssen. Maßnahmen zur Prävention[76] müssen transparent, nachvollziehbar und kontrollierbar sein, ihre Umsetzung bedarf der regelmäßigen Evaluation und führt bei Bedarf zur Anpassung geltender Schutzkonzepte. Sie beschreiben das konkrete *Vorgehen im Verdachtsfall*, zielen auf verpflichtende *Schulungen für alle haupt- und ehrenamtlich Beauftragten* und setzen auf einen *Verhaltenskodex*, dessen Verbindlichkeit alle Mitarbeiter*innen mit ihrer Unterschrift bestätigen. Unsägliches Leid wird noch unsäglicher, wenn dafür keine Sprachrohre institutionalisiert werden − vorbeugend und anwaltschaftlich. Es kommt darauf an, Erzieher*innen und Lehrer*innen über Symptomatik und Verdachtsmomente aufzuklären, das Thema in pädagogischen Zusammenhängen aus der Tabuzone zu holen, in Unterricht, Heimerziehung, Jugendarbeit und Elternschulen dafür zu sensibilisieren, auf Sorgentelefon und Schutzzentren für Kinder und Jugendliche aufmerksam zu machen und den wichtigen Schutz der Familie nicht zum Deckmantel für Gewalttaten verkommen zu lassen: Die Betroffenen finden nur außerhalb ihrer Familie Schutz − oder nirgendwo.

Präventiv wirken *Informations- und Aufklärungsveranstaltungen bei Kindern, Jugendlichen und Erwachsenen, in Kindergärten, Schulen und Gemeinden − zur Steigerung der Achtsamkeit für auffälliges Verhalten von potenziellen Tätern und Opfern in Kirche und Gesellschaft*. Dazu trägt auch die *Vernetzung mit anderen kirchlichen und nichtkirchlichen Institutionen, mit Beratungseinrichtungen und der Polizei* bei, ebenso die *Bildung von Gruppen, in denen Menschen verschiedener Konfessionen oder gar Religionen dem Zusammenhang von sexueller Gewalt und Religion nachgehen.*

Es kommt darauf an, Kinder stark zu machen[77] – sodass sie darum wissen, dass ihr Körper ihnen gehört, und im Umgang damit sprachfähig werden; sodass sie ihren Gefühlen trauen; sodass sie zwischen guten und schlechten, zwischen angenehmen und komischen Berührungen zu unterscheiden lernen, denn solange körperlicher Kontakt, den Mitglieder einer Familie miteinander pflegen, das Tageslicht nicht scheuen muss, sehe ich darin den besten Schutz vor Missbrauch und Gewalt; sodass sie um ihr Recht wissen, auch gegenüber Erwachsenen nein zu sagen; sodass sie beängstigende Geheimnisse mitteilen können.

Und es kommt darauf an, dass Eltern es ernst nehmen, wenn ihren Kindern auffällt, dass der Pfarrer nur mit Jugendlichen seine Ferien verbringt und gar keine erwachsenen Freunde hat.

5.5. Für Prävention in Aus- und Fortbildung

Die Entwicklung und die Verwirklichung von Präventionsmaßnahmen erfolgen partizipativ, also in Zusammenarbeit mit allen beteiligten Personen und Gruppen, insbesondere mit Betroffenen. Dazu gehören *Schulungen zur Auseinandersetzung mit Nähe und Distanz, mit Strategien der Täter, mit Psychodynamiken der Opfer, mit systemischen Dynamiken in Institutionen, mit Mitläufer*innen, mit rechtlichen Fragen, mit Kommunikation in Konfliktsituationen, mit Hilfen für Opfer, aber auch für Täter, sowie mit der Nachsorge in irritierten Systemen.*

In der *Priesterausbildung* braucht es eine weiter intensivierte Auseinandersetzung mit Zölibat und Sexualität – im

Kampf gegen eine Atmosphäre, in der sexuelle Regression und Fixierung toleriert oder gar gefördert werden. Die Auswahl der Kandidaten muss von großer Sorgfalt geprägt sein, sie darf sich nicht am Priestermangel orientieren und sich nicht dem Diktat der kleinen Zahl unterwerfen, sie muss vielmehr möglichen kommunikativen und psychosexuellen Mangelerscheinungen bei potenziellen Priestern ins Auge schauen. Denn ein *zölibatäres Leben* kann allenfalls *in tragenden Beziehungen* gelingen.

Die von der *Kongregation für das Katholische Bildungswesen* im Jahr 2008 erlassenen Leitlinien für die Anwendung der Psychologie bei der Aufnahme und Ausbildung von Priesterkandidaten setzen auf »die Fähigkeit des Kandidaten, entsprechend der christlichen Sicht seine eigene Sexualität zu integrieren, gerade auch hinsichtlich der Verpflichtung zum Zölibat«[78]. Dabei nehme ich nicht zwingend an, dass bei Personen mit nicht ausreichender psychophysischer und sittlicher Ausgeglichenheit die Gnade die Natur ergänzt. Die *Konsultation von Psycholog*innen* halte ich daher für unerlässlich.

Die *Auseinandersetzung mit unbewussten Motiven der Berufung* ist ein pastoralpsychologisches Muss, so schwierig sie sich auch gestalten mag. Es darf nicht sein, dass sich junge Männer, die sich selber sexuell ein Rätsel sind, aus dieser misslichen Lage in den Zölibat »retten«. Sexualität ist ein Gottesgeschenk, aber sie führt auch menschliche Abgründe vor Augen.

6. Ein paar leise Töne zum Schluss

Es kommt darauf an, dass wir uns angesichts der Erschütterungen durch sexuellen Missbrauch in die Pflicht nehmen lassen – als Kirche, und dies nicht nur dann, wenn Priester zu Tätern werden. Gewiss, Prävention muss in der Ausbildung geistlicher Berufe endlich den Platz bekommen, der ihr gebührt, aber kirchlich initiierter Prävention kommt auch in anderen Zusammenhängen eine wichtige Rolle zu, schließlich lebt Kirche auch in der Familie. Familie versteht sich als Lernort des Glaubens, und umgekehrt lebt kirchliche Sprache von familiären Bezügen, wenn ich an meine »Schwestern« und »Brüder« sowie an die »Patres« in unserer »Mutter« Kirche denke! Kirchlich initiierter Prävention kommt Verantwortung zu, uns kommt Verantwortung zu, wenn wir den Umgang mit Sexualität in einer Grauzone belassen, in der unter den Teppich gekehrt wird, was auf den Tisch der Kommunikation gehört. Uns kommt Verantwortung zu, wenn wir Ehe und Familie nicht nur hochschätzen, sondern so stark idealisieren, dass niemand glauben kann, wie aus einer scheinbar guten Kinderstube unter der Hand eines überforderten Familienvaters ein Tatort wird, an dem Seelenmord passiert.

Eltern, Pfarrer und Lehrer müssen sich ihren Taten stellen. Auch die Kirche als ganze muss zu ihrer Schuld stehen und diese eingestehen. Dabei nehme ich ein langsames Umdenken und Umhandeln wahr, das sich als stärker erweisen möge als alle Gegenströmungen mit ausschließlich binnenkirchlichem Fokus. Die gegebene inner- und weltkirchliche Vernetzung eignet sich schließlich nicht nur zur Vertuschung, sondern macht auch ein hohes Maß an Transparenz möglich – im Sinne einer Umkehr: Allein dank dieser wird die Frage nach einem Neuanfang in kirchlich grauenvoller Zeit überhaupt gestellt werden können.

Und ein Letztes: Zahlen bleiben mit Vorsicht zu genießen. Eine Dunkelziffer bleibt gewiss, weil viele Opfer trotz entsprechender Aufforderung – auch ich habe sie oft schon ausgesprochen – nicht die Kraft aufbringen können, zur Anzeige zu bringen, was ihnen widerfahren ist, und Retraumatisierungen fürchten. Und eine Dunkelziffer bleibt auch deshalb, weil Opfer in ihrer Verzweiflung schon in den Tod gegangen sind.

Anmerkungen

1 Vgl. Stefan Kiechle, Macht ausüben (Ignatianische Impulse; Bd. 13), Würzburg ³2010; Matthias Sellmann, Sprecht über Macht! Für eine Theologie kirchlicher Organisation, in: Herder-Korrespondenz 73 (August 2019) 14–16; dazu Herbert Haslinger, Sprecht über Macht – aber so, dass es Menschen hilft. Eine Replik auf Matthias Sellmanns Vorschlag einer Theologie kirchlicher Organisation, in: Herder-Korrespondenz 73 (September 2019) 48–51.

2 Vgl. Otto Muck, Pluralität von Spiritualitäten. Eine religionsphilosophische Reflexion über Spiritualität, in: Zeitschrift für Katholische Theologie 138 (2016) 159–172; Corinna Dahlgrün, Christliche Spiritualität. Formen und Traditionen der Suche nach Gott, Berlin ²2018; Eberhard Tiefensee, »Und plötzlich ... Was? Nichts. Alles!« Überlegungen zum Gehalt und der Erforschung atheistischer Spiritualität, in: Herder-Korrespondenz 73 (September 2019) 35–38.

3 Guido Bausenhart (»Nicht, was ich will ...« Selbstbestimmung in theologischer Perspektive, in: Geist & Leben 89 [2016] 406–413) stellt den Bedarf menschlicher Selbstbehauptung gegen ein repressiv gewordenes Verständnis von Theonomie, der sich Menschen im Gebet freiwillig aussetzen, indem sie diese Theonomie in der Haltung »Dein Wille geschehe« akzeptieren; vgl. Ruth Conrad & Roland Kipke (Hrsg.), Selbstformung. Beiträge zur Aufklärung einer menschlichen Praxis, Münster 2015; Helmut Jansen, »Project-Pitch«: Verlebendigter Glaube. Wie Selbstorganisationsprozesse pastorale Innovation ankurbeln, in: Lebendige Seelsorge 68 (2017) 249–254.

4 Vgl. Klaus Mertes, Geistlicher Machtmissbrauch, in: Geist & Leben 90 (2017) 249–259.

5 Vgl. Hannah A. Schulz, Perfide Konstrukte. Was ist geistlicher Missbrauch?, in: Herder-Korrespondenz 73 (Oktober 2019) 36–38.

6 Vgl. Doris Wagner, Spiritueller Missbrauch in der katholischen Kirche, Freiburg i. Br. 2019, 79–147.

7 Vgl. Ursula Enders & Bernd Eberhardt, Schutz von Jugendlichen in der Jugendsozialarbeit vor Grenzverletzungen durch Mitarbeiter und Mitarbeiterinnen, in: Zartbitter e. V. (Hrsg.), Grenzen

achten! Schutz vor sexuellen Übergriffen in Institutionen, Köln 2007, 3–29, hier: 6–11.

8 Vgl. Katharina Kluitmann, Was ist geistlicher Missbrauch? Grenzen, Formen, Alarmsignale, Hilfen, in: Ordenskorrespondenz 60 (2019) 184–192; Hannah A. Schulz, Religiöser Missbrauch im christlichen Kontext unter Berücksichtigung des Schamgefühls (2016), online verfügbar unter: https://hrcak.srce.hr/index.php?show=clanak&id_clanak_jezik=248074 (letzter Zugriff am 25.03.2020).

9 Vgl. Mathias Moosbrugger, »Denn wen der Herr liebt, den züchtigt er«? Zur theologischen Entgiftung einer spirituellen Tradition, in: Geist & Leben 89 (2016) 397–405.

10 Vgl. Katharina Kluitmann, Das Ohr der Kirche. Orden und Missbrauch – ein Zwischenstand, in: Herder-Korrespondenz 73 (August 2019) 35–37.

11 Während Ersteres Geistliche Begleitung in einem umfassenden Sinn betrifft, bezeichnet letzteres den äußeren Rechtsbereich; vgl. Rüdiger Althaus, Geistlicher Machtmissbrauch. Kirchenrechtliche Aspekte, in: Geist & Leben 91 (2018) 159–169.

12 Stephan Goertz, Sexueller Missbrauch und katholische Sexualmoral. Mutmaßliche Zusammenhänge, in: Magnus Striet & Rita Werden (Hrsg.), Unheilige Theologie! Analysen angesichts sexueller Gewalt gegen Minderjährige durch Priester (Katholizismus im Umbruch; Bd. 9), Freiburg i. Br. 2019, 106–139, hier: 136.

13 Harald Dreßing, Es geht weiter. Eine Missbrauchs-Untersuchung jüngerer kirchlicher Personalakten bis 2015, in: Herder-Korrespondenz 73 (September 2019) 24–27, hier: 27; dazu Peter Beer & Hans Zollner, Nullnummer kirchliche Präventionsarbeit? Eine Replik auf Harald Dreßings These vom fortdauernden sexuellen Missbrauch, in: Herder-Korrespondenz 73 (November 2019) 41–43.

14 Vgl. Hans-Werner Bierhoff, Sozialpsychologie. Ein Lehrbuch, Stuttgart – Berlin – Köln ⁵2000, 338–373; Bernd Six, Macht, in: Markus Antonius Wirtz (Hrsg.), Dorsch – Lexikon der Psychologie, Bern ¹⁸2017, 1051–1052; Volker Faust, Macht und Machtmissbrauch aus psychologischer Sicht (o. J.), online verfügbar unter: http://www.psychosoziale-gesundheit.net/psycho hygiene/macht.html (letzter Zugriff am 25.03.2020); Christian Paulick, Macht (2018), online verfügbar im socialnet Lexikon unter: https://www.socialnet.de/lexikon/Macht (letzter Zugriff am 25.03.2020). Nach Max Weber bedeutet Macht »jede

In Erinnerung an die Wahl von

Papst Franziskus

am 13. März 2013

in Rom

17. Dezember 1936
geboren in Buenos Aires

13. Dezember 1969
zum Priester geweiht

27. Juni 1992
zum Bischof geweiht

21. Februar 2001
zum Kardinal erhoben

13. März 2013
zum Papst gewählt

„Und jetzt beginnen wir diesen Weg –
Bischof und Volk –,
den Weg der Kirche von Rom,
die den Vorsitz in der Liebe führt
gegenüber allen Kirchen;
einen Weg der Geschwisterlichkeit,
der Liebe, des gegenseitigen Vertrauens.
Beten wir immer füreinander.
Beten wir für die ganze Welt, damit ein
großes Miteinander herrsche."

Papst Franziskus in seiner ersten Ansprache
am Tag der Wahl, 13. März 2013

Chance, innerhalb einer sozialen Beziehung den eigenen Willen auch gegen Widerstreben durchzusetzen, gleichviel worauf diese Chance beruht« (Max Weber, Wirtschaft und Gesellschaft – Grundriss der verstehenden Soziologie [1922], Tübingen [5]1985, 28). Macht markiert also keinen Besitz, sondern die Asymmetrie einer sozialen Beziehung. Michel Foucault schließlich geht es in seinen historischen Studien nicht um eine Theorie und nicht um eine Definition von Macht, sondern um Machtanalytiken, um Machtbeziehungen, um Macht und Widerstand, um Machtformen und die auf ihn zurückgehende Gouvernementalität als »das strategische Feld beweglicher, veränderbarer und reversibler Machtverhältnisse« (Michel Foucault, Sicherheit, Territorium, Bevölkerung. Geschichte der Gouvernementalität I, Frankfurt am Main 2006, 566). Eine Gefängnisarchitektur, in der von einem zentralen Ort aus alle Korridore sternförmig verlaufen, sodass diese eingesehen und kontrolliert werden können, setzt auf Machtausübung durch Sichtbarmachung. Im Gefolge von Foucaults Pastoralmacht verstehen sich Hermann Steinkamp, Die sanfte Macht der Hirten. Die Bedeutung Michel Foucaults für die Praktische Theologie, Mainz 1999, und Hans-Joachim Sander, Pastoralmacht. Was die Corona-Krise über Staat und Kirche freilegt, in: Feinschwarz. Theologisches Feuilleton, www.feinschwarz.net, am 23.03.2020, online verfügbar unter: https://www.feinschwarz.net/coronakrise-und-pastoralmacht-kirche (letzter Zugriff am 25.03.2020).

Die Machtförmigkeit christlicher Spiritualität und ihre Anfälligkeit für Missbrauch zeigt – wiederum im Anschluss an Michel Foucault – Dominique-Marcel Kosack (Gottesbeziehung und Machtgefüge. Glaubenstheoretische Hintergründe geistlichen Missbrauchs, in: Heinrich Timmerevers & Thomas Arnold [Hrsg.], Gefährliche Seelenführer? Geistiger und geistlicher Missbrauch, Freiburg i. Br. 2020, 39–42) auf: Hirten kaschieren ihre Macht als Dienst, ihr Weiden und ihre Seelenführung dringen in persönliche Inenräume ein, Machtausübung wird verinnerlicht und mündet in Selbstverneinung.

15 Vgl. Heinz-Dieter Schmalt, Machtmotiv, in: Markus Antonius Wirtz (Hrsg.), Dorsch – Lexikon der Psychologie, Bern [18]2017, 1052.

16 Vgl. Heinz-Dieter Schmalt, Machtmittel, in: Markus Antonius Wirtz (Hrsg.), Dorsch – Lexikon der Psychologie, Bern [18]2017, 1052.

17 Vgl. Hans-Werner Bierhoff, Autorität, in: Markus Antonius Wirtz (Hrsg.), Dorsch – Lexikon der Psychologie, Bern [18]2017, 238–239.

18 Vgl. Gunda Schneider-Flume, Narzißmus als theologisches Problem, in: Zeitschrift für Theologie und Kirche 82 (1985) 88–110.

19 Vgl. Astrid Schütz, Narzissmus, in: Markus Antonius Wirtz (Hrsg.), Dorsch – Lexikon der Psychologie, Bern [18]2017, 1156. Psychoanalytisch lassen sich ein notwendiges Entwicklungsstadium (primärer Narzissmus) und eine Persönlichkeitsstörung (sekundärer Narzissmus) unterscheiden; vgl. Sigmund Freud, Zur Einführung des Narzißmus (1914), in: ders., Psychologie des Unbewußten (Studienausgabe; Bd. 3), Frankfurt am Main [8]1997, 37–68; Ralph J. Butzer, Narzissmus, psychoanalytische Perspektive, in: Markus Antonius Wirtz (Hrsg.), Dorsch – Lexikon der Psychologie, Bern [18]2017, 1156.

20 Dabei spielt auch Neid eine eminente Rolle: Betroffene beneiden andere Menschen und glauben zugleich, andere seien neidisch auf sie; vgl. Franz Petermann, Narzisstische Persönlichkeitsstörung, in: Markus Antonius Wirtz (Hrsg.), Dorsch – Lexikon der Psychologie, Bern [18]2017, 1157.

21 Vgl. Raphael M. Bonelli, Männlicher Narzissmus. Das Drama der Liebe, die um sich selbst kreist, München 2018, 72–94, unter Verweis auf das Konzept der *parental overevaluation* (vgl. ebd., 90).

22 Vgl. ebd., 95–174. Raphael M. Bonelli benennt drei narzisstische Fesseln: Die Fessel der Selbstidealisierung zeigt sich als pfauenartige Selbstzufriedenheit und Selbstgefälligkeit mit blindem Fleck, der alle Terrains umfasst, auf denen es an Grandiosität mangelt. Damit geht sowohl die Fessel der Fremdabwertung Hand in Hand, weil die Selbsterhöhung die Erniedrigung anderer Menschen erzwingt, die allenfalls als Sprosse auf der Leiter zur narzisstischen Befriedigung taugen, als auch die Fessel fehlender Selbsttranszendenz: »Je mehr man sich selbst in den Himmel hebt, umso weniger Platz ist dort für Höheres« (ebd., 230). Die Weltgesundheitsorganisation (WHO) führt die narzisstische Persönlichkeitsstörung in ihrer internationalen Klassifikation psychischer Störungen unter sonstigen spezifischen Persönlichkeitsstörungen (vgl. Horst Dilling, Werner Mombour & Martin H. Schmidt [Hrsg.], Internationale Klassifikation psychischer Störungen. ICD-10 Kapitel V (F). Klinisch-diagnostische Leitlinien, Bern – Göttingen – Toronto – Seattle [10]2015; mit jüngsten Aktualisierungen online verfügbar unter: https://www.

dimdi.de/static/de/klassifikationen/icd/icd-10-who/kode-suche/ htmlamtl2019 [letzter Zugriff am 25.03.2020]), die American Psychiatric Association (APA) dagegen als selbstständiges Störungsbild, das durch Überschätzung eigener Fähigkeiten, Mangel an Empathie und emotionaler Wärme sowie Werbung um Bewunderung gekennzeichnet ist (vgl. Peter Falkai & Hans-Ulrich Wittchen [Hrsg.], Diagnostisches und statistisches Manual psychischer Störungen DSM-5, Göttingen ²2018).

23 Vgl. Rainer Bucher, Verrat. Zum Missbrauchsskandal in der katholischen Kirche, in: Feinschwarz. Theologisches Feuilleton, www.feinschwarz.net, am 02.12.2019 und am 03.12.2019, online verfügbar unter: https://www.feinschwarz.net/verrat-zum-missbrauchsskandal-in-der-katholischen-kirche (letzter Zugriff am 25.03.2020).

24 Vgl. Franz Caspar, Kollusion, in: Markus Antonius Wirtz (Hrsg.), Dorsch − Lexikon der Psychologie, Bern ¹⁸2017, 907; Jürg Willi, Die Zweierbeziehung. Das unbewusste Zusammenspiel von Partnern als Kollusion, Reinbek bei Hamburg ⁴2019. Als Psychiater, Psychoanalytiker und Paartherapeut entwickelte Jürg Willi das Kollusionskonzept sowohl vor psychodynamischem als auch vor systemischem Hintergrund. Wichtige Anregungen dazu kamen von dem Psychiater Henry V. Dicks, Marital Tensions. Clinical studies towards a psychological theory of interaction (1967) (Psychology Revivals), London 2015.

25 Franziskus, Gegen den »theologischen Narzissmus« (05.04. 2013), online verfügbar unter: https://www.bistumspresse.de/ content/gegen-den-theologischen-narzissmus (letzter Zugriff am 25.03.2020).

26 Vgl. Peter Hünermann, Kirche und Amt − Marginalien zum Amtsverständnis, in: Geist & Leben 48 (1975) 285–299, zum Amt als *repraesentatio Christi* und zum Amt als *repraesentatio ecclesiae* sowie zur Verschränkung dieser beiden Amtskonzeptionen.

27 Jürgen Werbick, Repräsentation − eine theologische Schlüsselkategorie?, in: Michael J. Rainer & Hans-Gerd Janßen (Hrsg.), Bilderverbot (Jahrbuch Politische Theologie; Bd. 2), Münster 1997, 295–302, hier: 300.

28 Ebd.

29 Ebd.

30 Vgl. Johann Baptist Metz, Bemerkungen zum »Katholischen Prinzip« der Repräsentation, in: Michael J. Rainer & Hans-Gerd Janßen (Hrsg.), Bilderverbot (Jahrbuch Politische Theologie; Bd. 2), Münster 1997, 303–307, hier: 304.

31 Jürgen Werbick, Repräsentation – eine theologische Schlüssel-
    kategorie?, a. a. O., 301.

32 Vgl. Joseph Ratzinger, Stellvertretung, in: Heinrich Fries (Hrsg.),
    Handbuch theologischer Grundbegriffe, Bd. 4, München 1970,
    127–137, hier: 129; Klaus Kießling, Spiritualität der Stellver-
    tretung, in: ders. (Hrsg.), Diakonische Spiritualität. Beiträge aus
    Wissenschaft, Ausbildung und Praxis (Diakonie und Ökumene /
    Diakonia and Ecumenics; Bd. / Vol. 3), Berlin – Münster 2009,
    36–55.

33 Vgl. Birgit Weiler & Gerhard Kruip, Ein theologischer Ort. Der
    Aufbruch in Amazonien als Inspirationsquelle, in: Herder-Kor-
    respondenz 73 (Oktober 2019) 13–15.

34 Vgl. Heiner Wilmer, Mehr Existenzielles wagen! Die Kirche
    muss sich erneuern, in: Herder-Korrespondenz 73 (September
    2019) 28–31; dazu Matthias Reményi, Die Erneuerung der
    Kirche wird unbequem. Zu Heiner Wilmers Kritik an der
    deutschen Theologie, in: Herder-Korrespondenz 73 (Novem-
    ber 2019) 44–47, und Karlheinz Ruhstorfer, Synodale Vernunft
    wagen. Zu Heiner Wilmers Kritik an der deutschen Theologie,
    in: Herder-Korrespondenz 73 (November 2019) 47–50.

35 Benedikt XVI., Die Kirche und der Skandal des sexuellen
    Mißbrauchs (11.04.2019), online verfügbar unter: https://
    www.katholisch.de/artikel/21325-benedikt-xvi-68er-sind-ver
    antwortlich-fur-missbrauchsskandal (letzter Zugriff am 25.03.
    2020).

36 Vgl. Mathias Albert, Klaus Hurrelmann, Gudrun Quenzel, Ingo
    Leven, Ulrich Schneekloth, Hilde Utzmann & Sabine Wolfert,
    Jugend 2019 – 18. Shell Jugendstudie. Eine Generation meldet
    sich zu Wort, Weinheim – Basel 2019; Birgit Aschmann, Das
    wahre katholische Leiden an 1968. Eine Antwort auf Bene-
    dikt XVI., in: Herder-Korrespondenz 73 (Juli 2019) 44–47;
    Benedikt XVI., Antwort auf Birgit Aschmann. 68 und der Miss-
    brauch, in: Herder-Korrespondenz 73 (September 2019) 51.

37 Vgl. Klaus Mertes, Die Kirche muss in Sachen Homosexualität
    umdenken (09.12.2019), online verfügbar unter: https://www.
    katholisch.de/artikel/23851-die-kirche-muss-in-sachen-homo
    sexualitaet-umdenken (letzter Zugriff am 25.03.2020).

38 Vgl. Kongregation für den Klerus, Das Geschenk der Berufung
    zum Priestertum. Ratio Fundamentalis Institutionis Sacerdota-
    lis (Verlautbarungen des Apostolischen Stuhls; Nr. 209), Bonn
    2017.

39 Ebd., 145.

40 Ebd., 146.

41 Vgl. Harald Dreßing (Verbundkoordinator des Forschungskonsortiums), Sexueller Missbrauch an Minderjährigen durch katholische Priester, Diakone und männliche Ordensangehörige im Bereich der Deutschen Bischofskonferenz, Mannheim – Heidelberg – Gießen 2018, 17, bekannt unter dem aus den Anfangsbuchstaben der drei Forschungsstandorte resultierenden Akronym »MHG-Studie« und online verfügbar unter: https://www.dbk.de/fileadmin/redaktion/diverse_downloads/dossiers_2018/MHG-Studie-gesamt.pdf (letzter Zugriff am 25.03.2020).

42 Vgl. Stephan Goertz, Sexueller Missbrauch und katholische Sexualmoral. Mutmaßliche Zusammenhänge, a. a.O., 121f.

43 Ignatius von Loyola, Geistliche Übungen, Würzburg [3]2003, Nr. 15.

44 Bernhard Waldenfels, der »mit dem Motiv der Sorge der Heilkunde« einen anthropologischen Hintergrund erschließt« (Bernhard Waldenfels, Erfahrung, die zur Sprache drängt. Studien zur Psychoanalyse und Psychotherapie aus phänomenologischer Sicht, Berlin 2019, 290), verweist mit dem Begriff der Sorge zugleich auf die lateinische *cura* und die (Heil-)Kur und schreibt: »Die Sorge ist ein altes Motiv. In ihrer vielfältigen Wirkkraft bietet sie sich an als eine Art Elixier des Lebens. In einer lateinischen Sage, die Martin Heidegger ausgegraben und philosophisch ausgedeutet hat, erscheint Cura, die personifizierte Sorge, als ein Mischwesen, bestehend aus himmlischem Geist und irdischem Leib. In ihr verkörpert sich der Status des Menschen als eines Zwischenwesens« (ebd., 293). Waldenfels versteht Sorge als einen Grundzug der Lebenspraxis, die auch »als religiöse oder säkulare Seelsorge« (ebd., 294) in Erscheinung tritt.

45 Vgl. Hermann Kügler, Nähe und Distanz in persönlichen und beruflichen Beziehungen von Ordenspriestern, in: Ordenskorrespondenz 60 (2019) 193–200.

46 Vgl. Klaus Kießling, Erfahrung der Gnade. Ein konzeptioneller Zugang zu Geistlicher Begleitung, in: ders. (Hrsg.), Geistliche Begleitung. Beiträge aus Pastoralpsychologie und Spiritualität (Edition Wege zum Menschen; Bd. 1), Göttingen 2010, 17–27, hier: 22–24.

47 Vgl. Klaus Kießling, Solidarische Präsenz – Personzentrierte Haltung und spiritueller Habitus, in: Christiane Burbach (Hrsg.), Handbuch Personzentrierte Seelsorge und Beratung, Göttingen 2019, 444–452.

48 Vgl. Simone Lindorfer, Sharing the Pain of the Bitter Hearts. Liberation Psychology and Gender-Related Violence in Eastern Africa (Tübinger Perspektiven zur Pastoraltheologie und Religionspädagogik; Bd. 28), Münster 2007; Veronika Bock, Die Erfahrung der Gegenmenschlichkeit. Pastoraltheologische und sozialethische Zugänge zur Psychotraumatologie (Theologie und Praxis; Bd. 33), Berlin 2008.

49 Vgl. Dirk Bange, Sexueller Missbrauch an Jungen. Die Mauer des Schweigens, Göttingen 2007, 31–36; Marc Allroggen, Jelena Gerke, Thea Rau & Jörg M. Fegert, Umgang mit sexueller Gewalt. Eine praktische Orientierungshilfe für pädagogische Fachkräfte in Einrichtungen für Kinder und Jugendliche, Universitätsklinikum Ulm 2016, 8–12, online verfügbar unter: https://www.uniklinik-ulm.de/fileadmin/default/Kliniken/Kinder-Jugendpsychiatrie/Dokumente/Sprich_mit_Handlungsempfehlungen.pdf (letzter Zugriff am 25.03.2020).

50 Vgl. Andreas Stahl, Traumasensible Seelsorge. Grundlinien für die Arbeit mit Gewaltbetroffenen (Praktische Theologie heute; Bd. 163), Stuttgart 2019, 70–72; Unabhängiger Beauftragter für Fragen des sexuellen Missbrauchs, Fakten und Zahlen zu sexueller Gewalt an Kindern und Jugendlichen (Stand: Januar 2020), online verfügbar unter: https://beauftragter-missbrauch.de/fileadmin/Content/pdf/Pressemitteilungen/2020/01_Januar/28/Fact_Sheet_Zahlen_und_Fakten_sexueller_Missbrauch.pdf (letzter Zugriff am 25.03.2020).

51 Vgl. Klaus Kießling, Macht macht an – im Wechselspiel von Person, Institution, Religion. Bericht zum 38. Jahreskongress der Deutschen Gesellschaft für Pastoralpsychologie 2010, in: Wege zum Menschen 63 (2011) 102–111.

52 Vgl. Ursula Wirtz, Seelenmord. Inzest und Therapie, Zürich [5]1992.

53 Vgl. Mathias Hirsch, Realer Inzest. Psychodynamik des sexuellen Mißbrauchs in der Familie, Gießen 1999.

54 Vgl. Mathias Hirsch, Schuld und Schuldgefühl. Zur Psychoanalyse von Trauma und Introjekt, Göttingen 1997.

55 Vgl. Dirk Bange, Sexueller Missbrauch an Jungen. Die Mauer des Schweigens, a. a. O., 81–85.

56 Vgl. Dieter Funke, Das Schulddilemma. Wege zu einem versöhnten Leben, Göttingen 2000.

57 Vgl. Erika Kerstner, Was brauchen Gewaltopfer von ihrer Kirche?, in: Rainer Bucher & Johann Pock (Hrsg.), Klerus und

Pastoral (Werkstatt Theologie. Praxisorientierte Studien und Diskurse; Bd. 14), Wien – Berlin 2010, 35–41, hier: 40.

58 Vgl. Gottfried Fischer & Peter Riedesser, Lehrbuch der Psychotraumatologie, München – Basel 1998; Franz Ruppert, Verwirrte Seelen. Der verborgene Sinn von Psychosen. Grundzüge einer systemischen Psychotraumatologie, München ²2004; Wilma Weiß, Philipp sucht sein Ich. Zum pädagogischen Umgang mit Traumata in den Erziehungshilfen, Weinheim ⁸2016; dies., Was ist schon normal? Traumata verstehen – Betroffene integrieren, in: Inspiration 43 (2017) Heft 3, 2–6.

59 Vgl. Elisabeth Kübler-Ross, On Death and Dying (1969), New York 1997.

60 Vgl. Barbara Haslbeck, Sexueller Missbrauch und Religiosität. Wenn Frauen das Schweigen brechen: eine empirische Studie (Geschlecht – Gewalt – Gesellschaft; Bd. 6), Berlin 2007.

61 Vgl. Martine Jungers, Wege ans Licht. Wie Geistliche Begleitung traumatisierter Menschen gelingen kann (Zeitzeichen; Bd. 41), Ostfildern 2017; Andreas Stahl, Traumasensible Seelsorge. Grundlinien für die Arbeit mit Gewaltbetroffenen, a. a. O.

62 Vgl. Michaela Huber, Wenn das Urvertrauen erschüttert ist. Trauma heilen, Spiritualität entwickeln, in: Inspiration 43 (2017) Heft 3, 7–11.

63 Vgl. John Jay College of Criminal Justice of the City University of New York, The Nature and Scope of the Problem of Sexual Abuse of Minors by Catholic Priests and Deacons in the United States 1950–2002. A Research Study (2004), online verfügbar unter: http://www.usccb.org/issues-and-action/child-and-youth-protection/upload/The-Nature-and-Scope-of-Sexual-Abuse-of-Minors-by-Catholic-Priests-and-Deacons-in-the-United-States-1950–2002.pdf (letzter Zugriff am 25. März 2020).

64 Vgl. Wunibald Müller, Verschwiegene Wunden. Sexuellen Missbrauch in der katholischen Kirche erkennen und verhindern, München 2010, 142–158.

65 Vgl. Harald Dreßing (Verbundkoordinator des Forschungskonsortiums), Sexueller Missbrauch an Minderjährigen durch katholische Priester, Diakone und männliche Ordensangehörige im Bereich der Deutschen Bischofskonferenz, Mannheim – Heidelberg – Gießen 2018, 17, bekannt unter dem aus den Anfangsbuchstaben der drei Forschungsstandorte resultierenden Akronym »MHG-Studie« und online verfügbar unter: https://www.

dbk.de/fileadmin/redaktion/diverse_downloads/dossiers_2018/
MHG-Studie-gesamt.pdf (letzter Zugriff am 25.03.2020).

66 Vgl. Barbara Haslbeck, »Gott deckt die Pfarrer«. Sexueller
Missbrauch in der Kirche aus der Opferperspektive, in: Rainer
Bucher & Johann Pock (Hrsg.), Klerus und Pastoral (Werkstatt
Theologie. Praxisorientierte Studien und Diskurse; Bd. 14),
Wien – Berlin 2010, 21–34.

67 Vgl. Stephan Goertz, Kinderrechte und Geschlechterverhältnis.
Thesen über einen Zusammenhang, in: Herbert Ulonska &
Michael J. Rainer (Hrsg.), Sexualisierte Gewalt im Schutz von
Kirchenmauern. Anstöße zur differenzierten (Selbst-)Wahr-
nehmung (Theologie. Forschung und Wissenschaft; Bd. 6),
Berlin ²2007, 75–83; Hubertus Lutterbach, Der sexuelle Miss-
brauch von Kindern. Ein Verstoß gegen die christliche Tradition
des Kinderschutzes, in: Herbert Ulonska & Michael J. Rainer
(Hrsg.), Sexualisierte Gewalt im Schutz von Kirchenmauern.
Anstöße zur differenzierten (Selbst-)Wahrnehmung (Theologie.
Forschung und Wissenschaft; Bd. 6), Berlin ²2007, 63–74; Hu-
bertus Lutterbach, Sexuelle Gewalt gegenüber Kindern: Ein An-
griff auf die christliche Tradition des Kinderschutzes, in: Stephan
Goertz & Herbert Ulonska (Hrsg.), Sexuelle Gewalt. Fragen an
Kirche und Theologie (Theologie. Forschung und Wissenschaft;
Bd. 31), Berlin 2010, 105–125.

68 Vgl. Christine Morgenroth, Szenische Arrangements von Macht.
Tiefenstrukturen in Institutionen und Subjekten, in: Wege zum
Menschen 63 (2011) 120–134.

69 Vgl. Ursula Enders, Das geplante Verbrechen. Sexuelle Ausbeutung durch Mitarbeitende aus Institutionen, in: Herbert Ulonska
& Michael J. Rainer (Hrsg.), Sexualisierte Gewalt im Schutz von
Kirchenmauern. Anstöße zur differenzierten (Selbst-)Wahrneh-
mung (Theologie. Forschung und Wissenschaft; Bd. 6), Berlin
²2007, 31–62; Ursula Enders, Sexueller Missbrauch in Institutionen. Zur Strategie der Täter, zur Verantwortung der Institution
und den Reaktionen der Kirche, in: Stephan Goertz & Herbert
Ulonska (Hrsg.), Sexuelle Gewalt. Fragen an Kirche und Theologie (Theologie. Forschung und Wissenschaft; Bd. 31), Berlin
2010, 17–44.

70 Vgl. Klaus Kießling, Spiritualität der Stellvertretung, in: ders.
(Hrsg.), Diakonische Spiritualität. Beiträge aus Wissenschaft,
Ausbildung und Praxis (Diakonie und Ökumene / Diakonia and
Ecumenics; Bd. / Vol. 3), Münster 2009, 36–55; Ursula Baltz-
Otto, »Wir brauchen ein Fenster zum Himmel«. Dorothee Sölles

Vision vom Glück des Ganzseins, in: Das Plateau. Die Zeitschrift im Radius-Verlag 22 (2011) Nr. 125, 4–21, hier: 7.

71 Vgl. Ottmar Fuchs, Klerus im Verlust der Heiligkeit, in: Rainer Bucher & Johann Pock (Hrsg.), Klerus und Pastoral (Werkstatt Theologie. Praxisorientierte Studien und Diskurse; Bd. 14), Wien – Berlin 2010, 43–60.

72 Vgl. Ruth Fehling, »Jesus ist für unsere Sünden gestorben«. Eine praktisch-theologische Hermeneutik (Praktische Theologie heute; Bd. 109), Stuttgart 2010.

73 Vgl. Konrad Hilpert, Strukturelle Sünde, in: Walter Kasper u. a. (Hrsg.), Lexikon für Theologie und Kirche, Bd. 9, Freiburg i. Br. – Basel – Rom – Wien ³2000, 1051–1053; Stephan Goertz, Sexuelle Gewalt als individuelle Sünde gegen das sechste Gebot? Marginalien zu blinden Flecken in der Moraltheologie, in: ders. & Herbert Ulonska (Hrsg.), Sexuelle Gewalt. Fragen an Kirche und Theologie (Theologie. Forschung und Wissenschaft; Bd. 31), Berlin 2010, 127–146, hier: 129f; Andreas Heller, Kultur der Krankenhausseelsorge und der Transformationsprozess von Kirche, in: Maria Elisabeth Aigner, Rainer Bucher, Ingrid Hable & Hans-Walter Ruckenbauer (Hrsg.), Räume des Aufatmens. Pastoralpsychologie im Risiko der Anerkennung. Festschrift zu Ehren von Karl Heinz Ladenhauf (Werkstatt Theologie. Praxisorientierte Studien und Diskurse; Bd. 17), Wien 2010, 310–318, hier: 315–317.

74 Vgl. Deutsche Bischofskonferenz, Ordnung für den Umgang mit sexuellem Missbrauch Minderjähriger und schutz- oder hilfebedürftiger Erwachsener durch Kleriker und sonstige Beschäftigte im kirchlichen Dienst (18.11.2019), online verfügbar unter: https://www.dbk.de/themen/sexueller-missbrauch/normen-und-leitlinien (letzter Zugriff am 25.03.2020); Deutsche Ordensobernkonferenz, Leitlinien für den Umgang mit sexuellem Missbrauch Minderjähriger und erwachsener Schutzbefohlener durch Ordenspriester, -brüder und -schwestern von Ordensgemeinschaften päpstlichen Rechts im Bereich der Deutschen Ordensobernkonferenz sowie durch Mitarbeiterinnen und Mitarbeiter in ordenseigenen Einrichtungen (02.06.2014), online verfügbar unter: https://www.orden.de/aktuelles/themen/sexueller-missbrauch (letzter Zugriff am 25.03.2020).

75 Vgl. Papst Franziskus, Instruktion »Über die Vertraulichkeit der Fälle« (17.12.2019), online verfügbar unter: https://press.vatican.va/content/salastampa/it/bollettino/pubblico/2019/12/17/1011/02062.html (letzter Zugriff am 25.03.2020),

unter Bezugnahme auf Papst Franziskus, »Vos estis lux mundi«. Apostolisches Schreiben in Form eines »Motu proprio« (07.05.2019), online verfügbar unter: http://www.vatican.va/content/francesco/de/motu_proprio/documents/papa-francesco-motu-proprio-20190507_vos-estis-lux-mundi.html (letzter Zugriff am 25.03.2020).

76 Vgl. Deutsche Bischofskonferenz, Rahmenordnung – Prävention gegen sexualisierte Gewalt an Minderjährigen und schutz- oder hilfebedürftigen Erwachsenen im Bereich der Deutschen Bischofskonferenz (18.11.2019), online verfügbar unter: https://www.dbk.de/themen/sexueller-missbrauch/normen-und-leitlinien (letzter Zugriff am 25.03.2020); Deutsche Ordensobernkonferenz, Rahmenordnung – Prävention gegen sexualisierte Gewalt an Minderjährigen und erwachsenen Schutzbefohlenen im Bereich der Deutschen Ordensobernkonferenz (02.06.2014), online verfügbar unter: https://www.orden.de/aktuelles/themen/sexueller-missbrauch (letzter Zugriff am 25.03.2020).

77 Vgl. Ursula Enders (Hrsg.), Zart war ich, bitter war's. Handbuch gegen sexuellen Missbrauch, Köln ²2006.

78 Kongregation für das Katholische Bildungswesen, Leitlinien für die Anwendung der Psychologie bei der Aufnahme und Ausbildung von Priesterkandidaten, Abschnitt I.2, erlassen in Rom am 29. Juni 2008, online verfügbar unter: http://www.vatican.va/roman_curia/congregations/ccatheduc/documents/rc_con_ccatheduc_doc_20080628_orientamenti_ge.html (letzter Zugriff am 25.03.2020).

Literatur

Albert, Mathias, Hurrelmann, Klaus, Quenzel, Gudrun, Leven, Ingo, Schneekloth, Ulrich, Utzmann, Hilde & Wolfert, Sabine, Jugend 2019 – 18. Shell Jugendstudie. Eine Generation meldet sich zu Wort, Weinheim – Basel 2019.

Allroggen, Marc, Gerke, Jelena, Rau, Thea & Fegert, Jörg M., Umgang mit sexueller Gewalt. Eine praktische Orientierungshilfe für pädagogische Fachkräfte in Einrichtungen für Kinder und Jugendliche, Universitätsklinikum Ulm 2016, online verfügbar unter: https://www.uniklinik-ulm.de/fileadmin/default/Kliniken/Kinder-Jugendpsychiatrie/Dokumente/Sprich_mit_Handlungsempfehlungen.pdf (letzter Zugriff am 25.03.2020).

Althaus, Rüdiger, Geistlicher Machtmissbrauch. Kirchenrechtliche Aspekte, in: Geist & Leben 91 (2018) 159–169.

Aschmann, Birgit, Das wahre katholische Leiden an 1968. Eine Antwort auf Benedikt XVI., in: Herder-Korrespondenz 73 (Juli 2019) 44–47.

Baltz-Otto, Ursula, »Wir brauchen ein Fenster zum Himmel«. Dorothee Sölles Vision vom Glück des Ganzseins, in: Das Plateau. Die Zeitschrift im Radius-Verlag 22 (2011) Nr. 125, 4–21.

Bange, Dirk, Sexueller Missbrauch an Jungen. Die Mauer des Schweigens, Göttingen 2007.

Bausenhart, Guido, »Nicht, was ich will ...« Selbstbestimmung in theologischer Perspektive, in: Geist & Leben 89 (2016) 406–413.

Beer, Peter & Zollner, Hans, Nullnummer kirchliche Präventionsarbeit? Eine Replik auf Harald Dreßings These vom fortdauernden sexuellen Missbrauch, in: Herder-Korrespondenz 73 (November 2019) 41–43.

Benedikt XVI., Die Kirche und der Skandal des sexuellen Mißbrauchs (11.04.2019), online verfügbar unter: https://www.katholisch.de/artikel/21325-benedikt-xvi-68er-sind-verantwortlich-fur-missbrauchsskandal (letzter Zugriff am 25.03.2020).

Benedikt XVI., Antwort auf Birgit Aschmann. 68 und der Missbrauch, in: Herder-Korrespondenz 73 (September 2019) 51.

Bierhoff, Hans-Werner, Sozialpsychologie. Ein Lehrbuch, Stuttgart – Berlin – Köln [5]2000.

Bierhoff, Hans-Werner, Autorität, in: Markus Antonius Wirtz (Hrsg.), Dorsch – Lexikon der Psychologie, Bern [18]2017, 238–239.

Bock, Veronika, Die Erfahrung der Gegenmenschlichkeit. Pastoraltheologische und sozialethische Zugänge zur Psychotraumatologie (Theologie und Praxis; Bd. 33), Berlin 2008.

Bonelli, Raphael M., Männlicher Narzissmus. Das Drama der Liebe, die um sich selbst kreist, München 2018.

Bucher, Rainer, Verrat. Zum Missbrauchsskandal in der katholischen Kirche, in: Feinschwarz. Theologisches Feuilleton, www.feinschwarz.net, am 02.12.2019 und am 03.12.2019, online verfügbar unter: https://www.feinschwarz.net/verrat-zum-missbrauchsskandal-in-der-katholischen-kirche (letzter Zugriff am 25.03.2020).

Butzer, Ralph J., Narzissmus, psychoanalytische Perspektive, in: Markus Antonius Wirtz (Hrsg.), Dorsch – Lexikon der Psychologie, Bern [18]2017, 1156.

Caspar, Franz, Kollusion, in: Markus Antonius Wirtz (Hrsg.), Dorsch – Lexikon der Psychologie, Bern [18]2017, 907.

Conrad, Ruth & Kipke, Roland (Hrsg.), Selbstformung. Beiträge zur Aufklärung einer menschlichen Praxis, Münster 2015.

Dahlgrün, Corinna, Christliche Spiritualität. Formen und Traditionen der Suche nach Gott, Berlin [2]2018.

Deutsche Bischofskonferenz, Ordnung für den Umgang mit sexuellem Missbrauch Minderjähriger und schutz- oder hilfebedürftiger Erwachsener durch Kleriker und sonstige Beschäftigte im kirchlichen Dienst (18.11.2019), online verfügbar unter: https://www.dbk.de/themen/sexueller-missbrauch/normen-und-leitlinien (letzter Zugriff am 25.03.2020).

Deutsche Bischofskonferenz, Rahmenordnung – Prävention gegen sexualisierte Gewalt an Minderjährigen und schutz- oder hilfebedürftigen Erwachsenen im Bereich der Deutschen Bischofskonferenz (18.11.2019), online verfügbar unter: https://www.dbk.de/themen/sexueller-missbrauch/normen-und-leitlinien (letzter Zugriff am 25.03.2020).

Deutsche Ordensobernkonferenz, Leitlinien für den Umgang mit sexuellem Missbrauch Minderjähriger und erwachsener Schutzbefohlener durch Ordenspriester, -brüder und -schwestern von Ordensgemeinschaften päpstlichen Rechts im Bereich der Deutschen Ordensobernkonferenz sowie durch Mitarbeiterinnen und Mitarbeiter in ordenseigenen Einrichtungen (02.06.2014), online verfügbar unter: https://www.orden.de/aktuelles/themen/sexueller-missbrauch (letzter Zugriff am 25.03.2020).

Deutsche Ordensobernkonferenz, Rahmenordnung – Prävention gegen sexualisierte Gewalt an Minderjährigen und erwachsenen Schutzbefohlenen im Bereich der Deutschen Ordensobernkonferenz (02.06.2014), online verfügbar unter: https://www.orden.de/aktuelles/themen/sexueller-missbrauch (letzter Zugriff am 25.03.2020).

Dicks, Henry V., Marital Tensions. Clinical studies towards a psychological theory of interaction (1967) (Psychology Revivals), London 2015.

Dilling, Horst, Mombour, Werner & Schmidt, Martin H. (Hrsg.), Internationale Klassifikation psychischer Störungen. ICD-10 Kapitel V (F). Klinisch-diagnostische Leitlinien, Bern – Göttingen – Toronto – Seattle [10]2015, mit jüngsten Aktualisierungen online verfügbar unter: https://www.dimdi.de/static/de/klassifikationen/icd/icd-10-who/kode-suche/htmlamtl2019 (letzter Zugriff am 25.03.2020).

Dreßing, Harald (Verbundkoordinator des Forschungskonsortiums), Sexueller Missbrauch an Minderjährigen durch katholische Priester, Diakone und männliche Ordensangehörige im Bereich der Deutschen Bischofskonferenz, Mannheim – Heidelberg – Gießen 2018, online verfügbar unter: https://www.dbk.de/fileadmin/redaktion/diverse_downloads/dossiers_2018/MHG-Studie-gesamt.pdf (letzter Zugriff am 25.03.2020).

Dreßing, Harald, Es geht weiter. Eine Missbrauchs-Untersuchung jüngerer kirchlicher Personalakten bis 2015, in: Herder-Korrespondenz 73 (September 2019) 24–27.

Enders, Ursula (Hrsg.), Zart war ich, bitter war's. Handbuch gegen sexuellen Missbrauch, Köln [2]2006.

Enders, Ursula, Das geplante Verbrechen. Sexuelle Ausbeutung durch Mitarbeitende aus Institutionen, in: Herbert Ulonska & Michael J. Rainer (Hrsg.), Sexualisierte Gewalt im Schutz von Kirchenmauern. Anstöße zur differenzierten (Selbst-)Wahrnehmung (Theologie. Forschung und Wissenschaft; Bd. 6), Berlin ²2007, 31–62.

Enders, Ursula, Sexueller Missbrauch in Institutionen. Zur Strategie der Täter, zur Verantwortung der Institution und den Reaktionen der Kirche, in: Stephan Goertz & Herbert Ulonska (Hrsg.), Sexuelle Gewalt. Fragen an Kirche und Theologie (Theologie. Forschung und Wissenschaft; Bd. 31), Berlin 2010, 17–44.

Enders, Ursula & Eberhardt, Bernd, Schutz von Jugendlichen in der Jugendsozialarbeit vor Grenzverletzungen durch Mitarbeiter und Mitarbeiterinnen, in: Zartbitter e. V. (Hrsg.), Grenzen achten! Schutz vor sexuellen Übergriffen in Institutionen, Köln 2007, 3–29.

Falkai, Peter & Wittchen, Hans-Ulrich (Hrsg.), Diagnostisches und statistisches Manual psychischer Störungen DSM-5, Göttingen ²2018.

Faust, Volker, Macht und Machtmissbrauch aus psychologischer Sicht (o. J.), online verfügbar unter: http://www.psychosoziale-gesundheit.net/psychohygiene/macht.html (letzter Zugriff am 25.03.2020).

Fehling, Ruth, »Jesus ist für unsere Sünden gestorben«. Eine praktisch-theologische Hermeneutik (Praktische Theologie heute; Bd. 109), Stuttgart 2010.

Fischer, Gottfried & Riedesser, Peter, Lehrbuch der Psychotraumatologie, München – Basel 1998.

Foucault, Michel, Sicherheit, Territorium, Bevölkerung. Geschichte der Gouvernementalität I, Frankfurt am Main 2006.

Franziskus, Gegen den »theologischen Narzissmus« (05.04.2013), online verfügbar unter: https://www.

bistumspresse.de/content/gegen-den-theologischen-narzissmus (letzter Zugriff am 25.03.2020).

Franziskus, »Vos estis lux mundi«. Apostolisches Schreiben in Form eines »Motu proprio« (07.05.2019), online verfügbar unter: http://www.vatican.va/content/francesco/de/motu_proprio/documents/papa-francesco-motu-proprio-20190507_vos-estis-lux-mundi.html (letzter Zugriff am 25.03.2020).

Franziskus, Instruktion »Über die Vertraulichkeit der Fälle« (17.12.2019), online verfügbar unter: https://press.vatican.va/content/salastampa/it/bollettino/pubblico/2019/12/17/1011/02062.html (letzter Zugriff am 25.03.2020).

Freud, Sigmund, Zur Einführung des Narzißmus (1914), in: ders., Psychologie des Unbewußten (Studienausgabe; Bd. 3), Frankfurt am Main [8]1997, 37–68.

Fuchs, Ottmar, Klerus im Verlust der Heiligkeit, in: Rainer Bucher & Johann Pock (Hrsg.), Klerus und Pastoral (Werkstatt Theologie. Praxisorientierte Studien und Diskurse; Bd. 14), Wien – Berlin 2010, 43–60.

Funke, Dieter, Das Schulddilemma. Wege zu einem versöhnten Leben, Göttingen 2000.

Goertz, Stephan, Kinderrechte und Geschlechterverhältnis. Thesen über einen Zusammenhang, in: Herbert Ulonska & Michael J. Rainer (Hrsg.), Sexualisierte Gewalt im Schutz von Kirchenmauern. Anstöße zur differenzierten (Selbst-)Wahrnehmung (Theologie. Forschung und Wissenschaft; Bd. 6), Berlin [2]2007, 75–83.

Goertz, Stephan, Sexuelle Gewalt als individuelle Sünde gegen das sechste Gebot? Marginalien zu blinden Flecken in der Moraltheologie, in: ders. & Herbert Ulonska (Hrsg.), Sexuelle Gewalt. Fragen an Kirche und Theologie (Theologie. Forschung und Wissenschaft; Bd. 31), Berlin 2010, 127–146.

Goertz, Stephan, Sexueller Missbrauch und katholische Sexualmoral. Mutmaßliche Zusammenhänge, in: Magnus Striet & Rita Werden (Hrsg.), Unheilige Theologie! Analysen angesichts sexueller Gewalt gegen Minderjährige durch Priester (Katholizismus im Umbruch; Bd. 9), Freiburg i. Br. 2019, 106–139.

Haslbeck, Barbara, Sexueller Missbrauch und Religiosität. Wenn Frauen das Schweigen brechen: eine empirische Studie (Geschlecht – Gewalt – Gesellschaft; Bd. 6), Berlin 2007.

Haslbeck, Barbara, »Gott deckt die Pfarrer«. Sexueller Missbrauch in der Kirche aus der Opferperspektive, in: Rainer Bucher & Johann Pock (Hrsg.), Klerus und Pastoral (Werkstatt Theologie. Praxisorientierte Studien und Diskurse; Bd. 14), Wien – Berlin 2010, 21–34.

Haslinger, Herbert, Sprecht über Macht – aber so, dass es Menschen hilft. Eine Replik auf Matthias Sellmanns Vorschlag einer Theologie kirchlicher Organisation, in: Herder-Korrespondenz 73 (September 2019) 48–51.

Heller, Andreas, Kultur der Krankenhausseelsorge und der Transformationsprozess von Kirche, in: Maria Elisabeth Aigner, Rainer Bucher, Ingrid Hable & Hans-Walter Ruckenbauer (Hrsg.), Räume des Aufatmens. Pastoralpsychologie im Risiko der Anerkennung. Festschrift zu Ehren von Karl Heinz Ladenhauf (Werkstatt Theologie. Praxisorientierte Studien und Diskurse; Bd. 17), Wien 2010, 310–318.

Hilpert, Konrad, Strukturelle Sünde, in: Walter Kasper u. a. (Hrsg.), Lexikon für Theologie und Kirche, Bd. 9, Freiburg i. Br. – Basel – Rom – Wien ³2000, 1051–1053.

Hirsch, Mathias, Schuld und Schuldgefühl. Zur Psychoanalyse von Trauma und Introjekt, Göttingen 1997.

Hirsch, Mathias, Realer Inzest. Psychodynamik des sexuellen Mißbrauchs in der Familie, Gießen 1999.

Huber, Michaela, Wenn das Urvertrauen erschüttert ist. Trauma heilen, Spiritualität entwickeln, in: Inspiration 43 (2017) Heft 3, 7–11.

Hünermann, Peter, Kirche und Amt – Marginalien zum Amtsverständnis, in: Geist & Leben 48 (1975) 285–299.

Ignatius von Loyola, Geistliche Übungen, Würzburg ³2003.

Jansen, Helmut, »Project-Pitch«: Verlebendigter Glaube. Wie Selbstorganisationsprozesse pastorale Innovation ankurbeln, in: Lebendige Seelsorge 68 (2017) 249–254.

John Jay College of Criminal Justice of the City University of New York, The Nature and Scope of the Problem of Sexual Abuse of Minors by Catholic Priests and Deacons in the United States 1950–2002. A Research Study (2004), online verfügbar unter: http://www.usccb.org/issues-and-action/child-and-youth-protection/upload/The-Nature-and-Scope-of-Sexual-Abuse-of-Minors-by-Catholic-Priests-and-Deacons-in-the-United-States-1950–2002.pdf (letzter Zugriff am 25. März 2020).

Jungers, Martine, Wege ans Licht. Wie Geistliche Begleitung traumatisierter Menschen gelingen kann (Zeitzeichen; Bd. 41), Ostfildern 2017.

Kerstner, Erika, Was brauchen Gewaltopfer von ihrer Kirche?, in: Rainer Bucher & Johann Pock (Hrsg.), Klerus und Pastoral (Werkstatt Theologie. Praxisorientierte Studien und Diskurse; Bd. 14), Wien – Berlin 2010, 35–41.

Kiechle, Stefan, Macht ausüben (Ignatianische Impulse; Bd. 13), Würzburg ³2010.

Kießling, Klaus, Spiritualität der Stellvertretung, in: ders. (Hrsg.), Diakonische Spiritualität. Beiträge aus Wissenschaft, Ausbildung und Praxis (Diakonie und Ökumene / Diakonia and Ecumenics; Bd. / Vol. 3), Münster 2009, 36–55.

Kießling, Klaus, Erfahrung der Gnade. Ein konzeptioneller Zugang zu Geistlicher Begleitung, in: ders. (Hrsg.), Geistliche Begleitung. Beiträge aus Pastoralpsychologie und Spiritualität (Edition Wege zum Menschen; Bd. 1), Göttingen 2010, 17–27.

Kießling, Klaus, Macht macht an – im Wechselspiel von Person, Institution, Religion. Bericht zum 38. Jahreskongress der Deutschen Gesellschaft für Pastoralpsychologie 2010, in: Wege zum Menschen 63 (2011) 102–111.

Kießling, Klaus, Solidarische Präsenz – Personzentrierte Haltung und spiritueller Habitus, in: Christiane Burbach (Hrsg.), Handbuch Personzentrierte Seelsorge und Beratung, Göttingen 2019, 444–452.

Kluitmann, Katharina, Das Ohr der Kirche. Orden und Missbrauch – ein Zwischenstand, in: Herder-Korrespondenz 73 (August 2019) 35–37.

Kluitmann, Katharina, Was ist geistlicher Missbrauch? Grenzen, Formen, Alarmsignale, Hilfen, in: Ordenskorrespondenz 60 (2019) 184–192.

Kongregation für das Katholische Bildungswesen, Leitlinien für die Anwendung der Psychologie bei der Aufnahme und Ausbildung von Priesterkandidaten, erlassen in Rom am 29. Juni 2008, online verfügbar unter: http://www.vatican.va/roman_curia/con gregations/ccatheduc/documents/rc_con_ccathe duc_doc_20080628_orientamenti_ge.html (letzter Zugriff am 25.03.2020).

Kongregation für den Klerus, Das Geschenk der Berufung zum Priestertum. Ratio Fundamentalis Institutionis Sacerdotalis (Verlautbarungen des Apostolischen Stuhls; Nr. 209), Bonn 2017.

Kosack, Dominique-Marcel, Gottesbeziehung und Machtgefüge. Glaubenstheoretische Hintergründe geistlichen Missbrauchs, in: Heinrich Timmerevers & Thomas Arnold (Hrsg.), Gefährliche Seelenführer? Geistiger und geistlicher Missbrauch, Freiburg i. Br. 2020, 39–42.

Kübler-Ross, Elisabeth, On Death and Dying (1969), New York 1997.

Kügler, Hermann, Nähe und Distanz in persönlichen und beruflichen Beziehungen von Ordenspriestern, in: Ordenskorrespondenz 60 (2019) 193–200.

Lindorfer, Simone, Sharing the Pain of the Bitter Hearts. Liberation Psychology and Gender-Related Violence in Eastern Africa (Tübinger Perspektiven zur Pastoraltheologie und Religionspädagogik; Bd. 28), Münster 2007.

Lutterbach, Hubertus, Der sexuelle Missbrauch von Kindern. Ein Verstoß gegen die christliche Tradition des Kinderschutzes, in: Herbert Ulonska & Michael J. Rainer (Hrsg.), Sexualisierte Gewalt im Schutz von Kirchenmauern. Anstöße zur differenzierten (Selbst-)Wahrnehmung (Theologie. Forschung und Wissenschaft; Bd. 6), Berlin ²2007, 63–74.

Lutterbach, Hubertus, Sexuelle Gewalt gegenüber Kindern: Ein Angriff auf die christliche Tradition des Kinderschutzes, in: Stephan Goertz & Herbert Ulonska (Hrsg.), Sexuelle Gewalt. Fragen an Kirche und Theologie (Theologie. Forschung und Wissenschaft; Bd. 31), Berlin 2010, 105–125.

Mertes, Klaus, Geistlicher Machtmissbrauch, in: Geist & Leben 90 (2017) 249–259.

Mertes, Klaus, Die Kirche muss in Sachen Homosexualität umdenken (09.12.2019), online verfügbar unter: https://www.katholisch.de/artikel/23851-die-kirche-muss-in-sachen-homosexualitaet-umdenken (letzter Zugriff am 25.03.2020).

Metz, Johann Baptist, Bemerkungen zum »Katholischen Prinzip« der Repräsentation, in: Michael J. Rainer & Hans-Gerd Janßen (Hrsg.), Bilderverbot (Jahrbuch Politische Theologie; Bd. 2), Münster 1997, 303–307.

Moosbrugger, Mathias, »Denn wen der Herr liebt, den züchtigt er«? Zur theologischen Entgiftung einer spirituellen Tradition, in: Geist & Leben 89 (2016) 397–405.

Morgenroth, Christine, Szenische Arrangements von Macht. Tiefenstrukturen in Institutionen und Subjekten, in: Wege zum Menschen 63 (2011) 120–134.

Muck, Otto, Pluralität von Spiritualitäten. Eine religionsphilosophische Reflexion über Spiritualität, in: Zeitschrift für Katholische Theologie 138 (2016) 159–172.

Müller, Wunibald, Verschwiegene Wunden. Sexuellen Missbrauch in der katholischen Kirche erkennen und verhindern, München 2010.

Paulick, Christian, Macht (2018), online verfügbar im socialnet Lexikon unter: https://www.socialnet.de/lexikon/Macht (letzter Zugriff am 25.03.2020).

Petermann, Franz, Narzisstische Persönlichkeitsstörung, in: Markus Antonius Wirtz (Hrsg.), Dorsch – Lexikon der Psychologie, Bern [18]2017, 1157.

Ratzinger, Joseph, Stellvertretung, in: Heinrich Fries (Hrsg.), Handbuch theologischer Grundbegriffe, Bd. 4, München 1970, 127–137.

Reményi, Matthias, Die Erneuerung der Kirche wird unbequem. Zu Heiner Wilmers Kritik an der deutschen Theologie, in: Herder-Korrespondenz 73 (November 2019) 44–47.

Ruhstorfer, Karlheinz, Synodale Vernunft wagen. Zu Heiner Wilmers Kritik an der deutschen Theologie, in: Herder-Korrespondenz 73 (November 2019) 47–50.

Ruppert, Franz, Verwirrte Seelen. Der verborgene Sinn von Psychosen. Grundzüge einer systemischen Psychotraumatologie, München [2]2004.

Sander, Hans-Joachim, Pastoralmacht. Was die Corona-Krise über Staat und Kirche freilegt, in: Feinschwarz. Theologisches Feuilleton, www.feinschwarz.net, am 23.03.2020, online verfügbar unter: https://www.feinschwarz.net/coronakrise-und-pastoralmacht-kirche (letzter Zugriff am 25.03.2020).

Schmalt, Heinz-Dieter, Machtmittel, in: Markus Antonius Wirtz (Hrsg.), Dorsch – Lexikon der Psychologie, Bern [18]2017, 1052.

Schmalt, Heinz-Dieter, Machtmotiv, in: Markus Antonius Wirtz (Hrsg.), Dorsch – Lexikon der Psychologie, Bern [18]2017, 1052.

Schneider-Flume, Gunda, Narzißmus als theologisches Problem, in: Zeitschrift für Theologie und Kirche 82 (1985) 88–110.

Schulz, Hannah A., Religiöser Missbrauch im christlichen Kontext unter Berücksichtigung des Schamgefühls (2016), online verfügbar unter: https://hrcak.srce.hr/index.php?show=clanak&id_clanak_jezik=248074 (letzter Zugriff am 25.03.2020).

Schulz, Hannah A., Perfide Konstrukte. Was ist geistlicher Missbrauch?, in: Herder-Korrespondenz 73 (Oktober 2019) 36–38.

Schütz, Astrid, Narzissmus, in: Markus Antonius Wirtz (Hrsg.), Dorsch – Lexikon der Psychologie, Bern [18]2017, 1156.

Sellmann, Matthias, Sprecht über Macht! Für eine Theologie kirchlicher Organisation, in: Herder-Korrespondenz 73 (August 2019) 14–16.

Six, Bernd, Macht, in: Markus Antonius Wirtz (Hrsg.), Dorsch – Lexikon der Psychologie, Bern [18]2017, 1051–1052.

Stahl, Andreas, Traumasensible Seelsorge. Grundlinien für die Arbeit mit Gewaltbetroffenen (Praktische Theologie heute; Bd. 163), Stuttgart 2019.

Steinkamp, Hermann, Die sanfte Macht der Hirten. Die Bedeutung Michel Foucaults für die Praktische Theologie, Mainz 1999.

Tiefensee, Eberhard, »Und plötzlich … Was? Nichts. Alles!« Überlegungen zum Gehalt und der Erforschung atheistischer Spiritualität, in: Herder-Korrespondenz 73 (September 2019) 35–38.

Unabhängiger Beauftragter für Fragen des sexuellen Missbrauchs, Fakten und Zahlen zu sexueller Gewalt an Kindern und Jugendlichen (Stand: Januar 2020), online verfügbar unter: https://beauftragter-miss brauch.de/fileadmin/Content/pdf/Pressemitteilun gen/2020/01_Januar/28/Fact_Sheet_Zahlen_und_ Fakten_sexueller_Missbrauch.pdf (letzter Zugriff am 25.03.2020).

Wagner, Doris, Spiritueller Missbrauch in der katholischen Kirche, Freiburg i. Br. 2019.

Waldenfels, Bernhard, Erfahrung, die zur Sprache drängt. Studien zur Psychoanalyse und Psychotherapie aus phänomenologischer Sicht, Berlin 2019.

Weber, Max, Wirtschaft und Gesellschaft – Grundriss der verstehenden Soziologie (1922), Tübingen [5]1985.

Weiler, Birgit & Kruip, Gerhard, Ein theologischer Ort. Der Aufbruch in Amazonien als Inspirationsquelle, in: Herder-Korrespondenz 73 (Oktober 2019) 13–15.

Weiß, Wilma, Philipp sucht sein Ich. Zum pädagogischen Umgang mit Traumata in den Erziehungshilfen, Weinheim [8]2016.

Weiß, Wilma, Was ist schon normal? Traumata verstehen – Betroffene integrieren, in: Inspiration 43 (2017) Heft 3, 2–6.

Werbick, Jürgen, Repräsentation – eine theologische Schlüsselkategorie?, in: Michael J. Rainer & Hans-Gerd Janßen (Hrsg.), Bilderverbot (Jahrbuch Politische Theologie; Bd. 2), Münster 1997, 295–302.

Willi, Jürg, Die Zweierbeziehung. Das unbewusste Zusammenspiel von Partnern als Kollusion, Reinbek bei Hamburg [4]2019.

Wilmer, Heiner, Mehr Existenzielles wagen! Die Kirche muss sich erneuern, in: Herder-Korrespondenz 73 (September 2019) 28–31.

Wirtz, Ursula, Seelenmord. Inzest und Therapie, Zürich [5]1992.